« Le timeboxing fonctionne réellement. Pendant 30 ans, j'ai cherché à optimiser mon travail et ma vie. Je pensais me débrouiller plutôt bien. Jusqu'à ce que je lise La Méthode timeboxing. *L'impact a été immédiat et spectaculaire. Cette nouvelle habitude que j'ai prise, qui consiste à timeboxer chaque matin, a totalement décuplé ma concentration, mon calme et ma productivité. Si mes étudiants de Stanford ne devaient lire qu'un livre cette année, je voudrais que ce soit celui-ci. »*

BJ Fogg, auteur du best-seller *Changer sa vie : la méthode des petites habitudes*, Le Cherche Midi, 2022

« Une master class sur la vie intentionnelle. Ce livre sur le timeboxing est incontournable pour quiconque aspire à la concentration dans un monde plein de distractions. J'ai longtemps vanté les mérites du timeboxing, et le livre de Marc donne vie à la méthode. »

Nir Eyal, auteur du best-seller *Imperturbable. Comment s'affranchir des distractions du monde numérique et rester maître de sa vie*, Talent éditions, 2020

« Le timeboxing peut vous aider à accomplir des choses, mais il peut surtout vous aider à faire plus de choses que vous aimez et moins de choses que vous n'aimez pas. En assimilant les leçons de ce livre d'une sagesse exceptionnelle, vous sentirez la présence d'un coach qui vous accompagne à chaque étape. »

Kim Scott, auteur du best-seller *En toute franchise. Adoptez la sincérité bienveillante et devenez un super chef*, Pearson, 2019

« Aujourd'hui plus que jamais, le manque de concentration est un problème que beaucoup, voire la majorité d'entre nous, rencontrent. Notre quotidien nous submerge et nous assaille. Ce livre intelligent et captivant présente une technique étonnamment simple, mais puissante, pour structurer notre vie privée et professionnelle. Une révélation. »

Michael Bhaskar, auteur de *Curation : The Power of Selection in a World of Excess*, Piatkus, 2016

« Timeboxing est un livre extrêmement pratique qui a presque instantanément modifié mes habitudes – et ma manière d'aborder le temps. Bloquez sans attendre un créneau dans votre agenda pour lire ce livre. »

Luke Burgis, auteur de *Wanting: The Power of Mimetic Desire in Everyday Life*, St Martin's Press, 2021

« Contrainte = liberté. Le but de ce livre n'est pas de mener une existence rigide mais, au contraire, une vie pleine d'intention et remplie de tout ce qui compte pour vous. Si vous avez l'impression d'errer dans la vie sans but précis, lisez ce livre. »

Elizabeth Grace Saunders, autrice de *Divine Time Management. The Joy of Trusting God's Loving Plans for You*, FaithWords, 2017

« Le timeboxing me permet d'établir des priorités réalistes et de m'y tenir – voilà pour moi le principal avantage du timeboxing. Une simple to-do list ne me dit pas combien de temps une tâche doit prendre. Je risque donc de traîner et de me sentir mal ensuite. Avec le timeboxing, je peux voir précisément le temps dont je dispose pendant la journée et répartir les tâches en conséquence. S'il y a trop de choses à faire en un jour, je sais que je dois revoir mes priorités. »

Fatemeh Fakhraie, manager marketing, Northwest Community Credit Union, Eugene, Oregon, États-Unis

« En tant que travailleuse indépendante qui doit jongler entre plusieurs clients et projets, je ne sais pas comment je gérerais efficacement mon entreprise sans le timeboxing. Après avoir quitté mon poste en entreprise il y a plus de 6 ans, j'ai rapidement compris que les tâches sur ma to-do list ne seraient jamais totalement accomplies. J'avais besoin d'une meilleure méthode de gestion du temps, alors j'ai commencé à allouer un créneau spécifique à chaque tâche – sans savoir que cette pratique avait un nom ! Je prône le "travail sans distraction" : mon téléphone portable est souvent éteint quand je dois me concentrer. La combinaison de cette pratique et du timeboxing est d'une valeur inestimable. »

Tamsin Isaacs, fondatrice de Know Good Social, Barcelone, Espagne

« Je travaillais par le passé pour une grande entreprise de logiciels où je dirigeais plusieurs unités. Garder une trace écrite de ce qui se passait pendant une crise ou un incident m'a été extrêmement utile pour me rappeler des événements, au cas où on me demande de justifier mes décisions. Il faut jongler avec tellement de choses en même temps, et il est impossible de se souvenir de tout. Le timeboxing m'a sauvée dans ces situations. »

Nadia Gicqueau-Ryan, MBA, Business Change, Flexibility & Transformation leader, Paris, France

« Le timeboxing est une pratique simple et efficace qui peut servir à optimiser la performance cognitive en associant ce qu'on appelle des "états d'esprit prédominants" (de l'anglais overarching states of mind *(SoM)) aux activités correspondantes. En allouant des créneaux fixes (boîtes) à des tâches spécifiques, nous pouvons prendre des mesures pour associer la tâche au bon SoM, ce qui réduit la friction et augmente la productivité. Par exemple, imaginons que nous devons échanger des idées pour une présentation de vente. En identifiant que cette tâche est associée à la créativité, à la réflexion profonde, à l'ouverture d'esprit et à la collaboration, nous pouvons et devons nous y préparer différemment et délibérément : rassembler les informations pertinentes, éliminer les distractions, nous rappeler la nécessité d'être ouverts d'esprit et d'écouter activement, supprimer l'analyse critique de la pièce et nous assurer que l'humeur est bonne. (Le lien entre humeur et créativité est provocateur mais désormais bien établi.)*
En associant les activités au bon SoM, les individus peuvent libérer leur plein potentiel cognitif et accomplir les tâches avec une plus grande précision, une meilleure efficacité et un sens d'accomplissement accru. »

Professeur Moshe Bar, neuroscientifique cognitif de renommée internationale et auteur de *Mindwandering : How It Can Improve Your Mood and Boost Your Creativity*, Bloomsbury Publishing PLC, 2022, Tel-Aviv, Israël

« Le principal avantage du timeboxing – et qui m'aide désormais dans ma carrière –, c'est que je peux insérer toutes les actions de ma to-do list toujours croissante dans mon agenda. Je peux ensuite me détendre en sachant que la tâche m'attend et que je m'y attèlerai quand il faudra. Par exemple, si je sais qu'une tâche non urgente finira par exiger mon attention, je l'intègre dans mon agenda dans l'idée d'y revenir lorsqu'il sera temps. Avec tant de choses à gérer en même temps, le timeboxing m'aide à relâcher la tension.
Mais il ne s'agit pas que du travail. Le timeboxing nous permet aussi, à moi et mon équipe, d'ajouter d'autres événements de vie importants, comme l'apprentissage autogéré, la réflexion, des moments en famille, le déjeuner, les tâches ménagères (quel plaisir !), et même les promenades avec les chiens ! »

Lee Wardman, BDR Manager EMEA
pour Horizons, Durham, Royaume-Uni

« Le timeboxing repose entièrement sur l'action, c'est pourquoi je conseille à ceux qui sont freinés par leur peur du temps passé à timeboxer de se lancer. Voyez-le comme un test où vous êtes votre propre référence et commencez par une tâche que vous considérez à faible risque. Après coup, prenez un moment pour réfléchir à l'expérience et engagez-vous à en tirer des leçons pour mieux timeboxer la fois suivante. Cet exercice vous poussera à trouver le juste équilibre. Ne laissez pas votre peur du perfectionnisme vous empêcher de vous améliorer. »

Jenna Drapkin, VP, Global Client Success,
Degreed, New York, États-Unis

« Je dirige une entreprise de yoga/fitness dans une grande ville, et le timeboxing s'est révélé être un outil essentiel dans la gestion de nos cours dans divers studios. Cette approche nous permet de coordonner les cours et d'assurer la formation des instructeurs. De nombreux participants à nos cours de yoga nous ont indiqué qu'incorporer le timeboxing, en particulier programmer des cours de yoga tôt le matin, avait boosté leur énergie et leur attention tout au long de la journée – à la maison comme au travail.

L'harmonie et la réussite dans ma vie tant professionnelle que privée sont profondément liées aux bienfaits du timeboxing. »

Bada Ding, 丁蔚雯, propriétaire de Soft Yoga Studios, Jinjiang, Chengdu City, Chine

« *Je suis un jeune père et le co-fondateur d'une entreprise en pleine croissance, et de ce fait, le timeboxing est devenu un aspect très important dans ma vie. Entre la garde de notre enfant et les moments en famille, je sais que je dois intégrer mes activités de type travail/créativité/ordinateur dans des boîtes de temps dans mon agenda. Ces contraintes sont utiles ; grâce à elles, je sais que si je dois faire quelque chose, je dois le faire dans le créneau fixé. Je sais que si je ne finis pas à temps, il y aura un effet domino sur toutes les tâches suivantes, ce qui me motive énormément.* »

Adam Fishman, co-fondateur d'Onora, Boston, États-Unis

« *En tant que designer, on peut facilement tomber dans le cycle sans fin des retouches en quête de cette perfection conceptuelle insaisissable. Cela étant, après près de dix ans dans la conception de produits tech de luxe pour la haute couture, j'ai appris que le timeboxing dynamique était la clé pour travailler vite et efficacement. Dans cette industrie volatile, les longs cycles de production sont complexes, et la réactivité est aussi cruciale que la proactivité. Au lieu de fixer des limites de temps statiques, j'adapte les boîtes de temps en fonction des contraintes et besoins changeants du projet. Cette approche flexible me permet de prioriser les bonnes choses au bon moment.*

Notre atelier exécute ses missions en adoptant un processus collaboratif continu de design avec toute l'équipe interne pour pouvoir livrer rapidement des produits qui incarnent notre vision. Les détails sont peaufinés ultérieurement, en procédant à des modifications sur la base des retours client. Le luxe exige la perfection, certes, mais il attache aussi de l'importance à la rapidité et à la nouveauté. Grâce à des boîtes de temps dynamiques, nous fournissons les deux et saisissons les tendances du moment tout en respectant nos normes de qualité exigeantes. »

Daniel Lazzari, directeur artistique,
Bressan Design Studio, Milan, Italie

« Dans l'univers mouvementé de la conception de prototypes de produits en Chine, il n'est pas toujours facile de préserver notre clarté mentale. Le timeboxing m'a permis d'allier l'efficacité et la pleine conscience.

Dans notre espace de travail innovant, la vague de projets et de dates butoirs peut facilement nous submerger. Mais le timeboxing nous permet de segmenter les tâches et de nous ramener au moment présent. Cette approche ne fait pas que coordonner le travail, elle nous apaise et nous recentre. Tout comme la pleine conscience nous apprend à vivre le moment présent, le timeboxing guide notre énergie sur la tâche du moment, ce qui nous empêche de nous disperser et d'en subir ensuite un certain stress. »

Zhang Chi-Yang 张驰洋, propriétaire
de The AA Bookstore, Chengdu, Chine

« Je me sers du timeboxing pour rester concentré et productif. Je crée deux boîtes de temps de 60 minutes par jour pour traiter tous mes e-mails de la journée afin d'éviter les interruptions pendant mes rendez-vous. J'en crée d'autres pour des activités importantes pour mon bien-être, comme la musculation pendant 30 minutes juste après le réveil ou un footing avant de démarrer ma journée. Cette méthode est bonne pour mon sommeil, ma santé et mon énergie, ce qui favorise ensuite mon efficacité au travail. »

Lapo Mori, associé chez McKinsey &
Company, Denver, Colorado, États-Unis

« Le timeboxing a révolutionné la manière dont j'aborde ma semaine de travail en me fournissant un cadre structuré et cohérent pour gérer mon temps efficacement. En créant des boîtes de temps, j'ai considérablement augmenté ma productivité, réduit la pression et amélioré mon attention sur les tâches à valeur ajoutée les plus cruciales. Les bienfaits du timeboxing touchent aussi mon équipe, qui a adopté la méthode. Résultat : notre efficacité collective s'est profondément accrue.
Nos collègues sont dispersés sur le plan géographique – Canada, Sénégal, Ghana, Rwanda, Ouganda, Kenya et Afrique du Sud – et doivent souvent travailler de longues heures pour faire face au volume des activités de recrutement. Les agendas n'étaient pas toujours consultables par tous les membres de l'équipe et les autres collègues au sein de l'organisation, ce qui entraînait parfois des chevauchements de réunions. Les to-do lists traditionnelles n'étaient pas en mesure de résoudre ces problèmes. Le timeboxing numérique sur nos agendas Outlook partagés s'est présenté comme la meilleure solution, nous permettant de prioriser les tâches, de mieux visualiser nos objectifs et d'allouer des créneaux spécifiques aux activités essentielles. »

Carol Hondonga, Global Director Talent, Mastercard Foundation, Kigali, Rwanda

« J'ai un agenda partagé et je synchronise mes agendas professionnel et personnel avec ma femme. J'ai une série de boîtes de temps hebdomadaires inamovibles pour mes activités récurrentes. Au quotidien : yoga matinal de 15 minutes et exercice physique pendant 30 minutes, consulter les infos et les réseaux sociaux, temps avec les enfants. Chaque semaine : écrire des résumés et une newsletter, réaliser des illustrations, déjeuner avec ma femme et pratiquer une activité avec les enfants.
Si quelque chose d'imprévu arrive, j'ajuste la boîte de temps. Par exemple, si je ne peux pas consulter mes articles le matin un jour, je sais que j'ai besoin de 30 minutes et je choisis le prochain créneau disponible.

J'ai aussi une liste sur Todoist pour les choses que je veux faire pendant la semaine, mais pour lesquelles je n'ai aucun engagement particulier. Quand je trouve le temps, j'en choisis une et je travaille dessus pendant 30 à 60 minutes. Je fais des pauses de 5 à 10 minutes après 30 à 60 minutes de travail, en fonction de la tâche – je marche généralement jusqu'à la cuisine ou je vais dehors.

Pour le travail qui requiert toute mon attention, je laisse mon téléphone dans une autre pièce pour éviter la tentation de le consulter. Et je le mets en mode "sommeil" dans un placard à partir de 19 h, pour me consacrer entièrement à mes enfants. Je ne le reprends que le lendemain à 5 h. Bien sûr, entre ces tâches-là, mes enfants, mon travail et les distractions, ma vie n'est en aucun cas "parfaitement sous contrôle". »

Roberto Ferraro, Integration Director,
CaixaBank, Barcelone, Espagne

MARC ZAO-SANDERS

LA MÉTHODE TIMEBOXING

Le pouvoir de se concentrer sur une chose à la fois

FIRST ÉDITIONS

First published as *TIMEBOXING* in 2024 by Michael Joseph, an imprint of Penguin Books.
Penguin Books is part of the Penguin Random House group of companies.

ISBN : 978-2-412-09391-7
Dépôt légal : avril 2024
Imprimé en France par N.R.I. s.a.s. (2401355)

Traduction : Lyse Leroy
Mise en pages : Emilie Guillemin
Correction : Céline Dutt

Éditions First, un département d'Édi8
92, avenue de France
75013 Paris – France
Tél : 01 44 16 09 00
Fax : 01 44 16 09 01
Email : firstinfo@efirst.com
Sites Internet : www.editionsfirst.fr et lisez.com

À Mama, que je remercie
pour absolument tout.

Mots-clés	Intention, pouvoir d'action, sérénité, calme, liberté, surmenage, concentration, pleine conscience, réflexion profonde, *flow*, collaboration, planification, confiance, to-do list, agenda, livrer, spirales, habitude, repos, sommeil, force supérieure, une chose, simplicité
Nombre de mots	Environ 54 000
Temps de lecture	233 minutes

> *Tout ce que nous avons à décider, c'est ce que nous devons faire du temps qui nous est imparti.*
>
> Gandalf

SOMMAIRE

INTRODUCTION

Nos méthodes de travail chaotiques ne nous permettent pas d'accéder à la vie sereine à laquelle nous aspirons. Ce livre présente une technique qui y mène. Cette technique s'appelle le timeboxing.

POURQUOI J'AI ÉCRIT CE LIVRE

J'ai démarré ma carrière il y a un peu plus de 20 ans. À cette époque, je ne maîtrisais absolument rien : j'acceptais les commandes à mesure qu'elles arrivaient et je répondais à celui qui criait le plus fort. J'avais bien une to-do list, mais je ne savais pas classer les tâches par ordre de priorité. Je faisais des erreurs élémentaires, mettais en attente les missions les plus urgentes et en récoltais des reproches et critiques. Après des mois de souffrance, j'ai mis au point un système simple (que j'appelais un programme de travail quotidien) : je sélectionnais les tâches prioritaires sur ma liste, les copiais/collais dans un tableur, estimais le temps nécessaire à leur exécution (par unités de 7,5 minutes, pour les additionner en quarts d'heure, demi-heures et heures entières) et les cochais au fur et à mesure.

Ce système était bien plus efficace. Les tâches importantes étaient exécutées, je pouvais adapter le système au fil de l'eau, je me sentais plus maître, j'en tirais un sentiment d'accomplissement (le tableur calculait le nombre d'heures de travail effectué chaque jour) et je disposais d'une trace numérique de mes efforts quotidiens.

Mais il était loin d'être parfait. Je devais forcer le tableur à concorder avec d'autres engagements, comme des réunions. Mes collègues n'avaient pas accès au document (c'était au début des années 2000, avant l'arrivée de Dropbox et de Google Drive), et je ne pouvais certainement pas les inviter à voir en détail chaque tâche spécifique. Plus important encore, associer les tâches contenues dans le tableur à un moment précis de la journée me demandait énormément de manipulation et de gestion : je ne savais pas exactement ce que je devais faire sur quel créneau ni si j'étais dans les temps ou en retard.

Il y a un peu plus de 10 ans, je suis tombé sur un article de Daniel Markovitz dans *Harvard Business Review*[1], dans lequel il indiquait que migrer la to-do list vers l'agenda aurait un effet transformateur sur la productivité. D'après Markovitz, les to-do lists étaient envahissantes, difficiles à classer par ordre de priorité, dépourvues de contexte et pas assez contraignantes pour son créateur. Autant de problèmes qui, selon lui, seraient résolus par l'utilisation d'un agenda partagé. Cette idée m'a interpellé. Alors, début 2014, j'ai commencé à adopter cette méthode au quotidien et j'ai découvert qu'elle portait le nom de timeboxing. Chaque matin, je passais 15 minutes à décider quoi faire et pendant combien de temps, et consignais tout dans mon Google Agenda.

Cette approche a tout changé.

J'étais bien plus maître de la situation. Je savais ce que je faisais et j'avançais en toute confiance en sachant que je me concentrais sur les bonnes tâches. J'étais bien plus à même de prédire quand j'aurais terminé mes missions, et par conséquent, bien mieux placé pour en accepter ou en refuser de nouvelles en toute connaissance de cause. Dans les moments d'incertitude ou quand j'étais

1. Daniel Markovitz, « To-Do Lists Don't Work », *Harvard Business Review*, 2012, https://hbr.org/2012/01/to-do-lists-dont-work.

débordé, je trouvais refuge dans un mantra que j'avais développé, « Retourne à l'agenda », qui est devenu une bouffée d'air frais dès que j'en ressentais le besoin. Quand j'ai lancé ma propre entreprise, je voulais être un PDG transparent et utile. Le timeboxing m'a permis de faire preuve de ces deux qualités grâce à un document ouvert et partagé consignant tout ce que j'avais fait et tout ce que je faisais, accessible et consultable par toute l'équipe.

Et ma maîtrise de ce système n'a fait que s'améliorer. Quand je regarde les dix dernières années d'entrées dans l'agenda, je constate une évolution rassurante, remarquable et instructive de ma pratique du timeboxing : les trous dans ma journée de travail diminuent ; la taille des blocs de temps est de plus en plus régulière ; leurs noms deviennent plus facilement reconnaissables ; j'ai commencé à associer les blocs de temps à un code couleur pour voir en un clin d'œil combien de temps je dédiais aux différents aspects de ma vie ; et après avoir réalisé que cette approche systématique pouvait également me servir hors du domaine professionnel, je me suis mis à intégrer de plus en plus d'heures personnelles dans des blocs de temps. Cette méthode avait véritablement tout changé.

Cinq ans plus tard, à mesure que ma fascination pour ce nouveau mode de vie grandissait, j'ai souhaité que d'autres en profitent aussi. J'ai donc écrit mon propre article pour *Harvard Business Review* (*HBR*) sur le sujet[2]. À cette époque, fort de plusieurs années de pratique du timeboxing, j'avais relevé d'autres avantages qui la rendaient encore plus puissante : repérer les liens entre des projets grâce au code couleur ; montrer à d'autres ce sur quoi je travaillais et à quel moment ; consigner une trace utile de tout ce que j'avais fait ; être et me sentir en contrôle ; et tout simplement, travailler plus vite. Cet article est resté plusieurs années sur la liste des plus populaires de *HBR*. De nombreux lecteurs m'ont

---

2. Marc Zao-Sanders, « How Timeboxing Works and Why It Will Make You More Productive », *Harvard Business Review*, 2018, https://hbr.org/2018/12/how-timeboxing-works-and-why-it-will-make-you-more-productive.

directement contacté. La plupart pour me dire que l'idée leur avait plu et qu'ils comptaient s'y essayer. D'autres pour me dire qu'ils utilisaient déjà cette méthode depuis un moment et qu'ils étaient ravis de découvrir qu'elle portait un nom. Un père célibataire m'a raconté qu'elle l'avait aidé à s'en sortir quand la vie lui paraissait insurmontable. Markovitz en personne m'a contacté ! Et beaucoup m'ont tout simplement demandé comment mettre cet outil en pratique.

Et ça ne s'est pas arrêté là. En 2022, un audacieux créateur de contenu sur TikTok a publié une vidéo[3] dans laquelle il vantait les mérites de la méthode tout en citant mon article. En quelques semaines seulement, sa vidéo a comptabilisé dix millions de vues. Ce succès m'a apporté une nouvelle preuve de l'intérêt des gens pour ce que le timeboxing a à offrir.

Je savais que des centaines de milliers de cadres supérieurs faisaient déjà appel à des assistants personnels pour timeboxer leur emploi du temps quotidien, gérer leur agenda et augmenter leurs niveaux de productivité, de confort et de satisfaction. Beaucoup des plus grandes personnalités du monde – Carl Jung, Albert Einstein, Bill Gates et Mary Callahan Erdoes – ont également employé cette méthode sous une forme ou une autre.

Le concept semblait jouir d'une immense popularité, attirant aussi bien les Tiktokeurs de la génération Z, les parents surmenés, les chefs d'entreprise que certains leaders et iconoclastes du monde.

•••

Chaque jour de la semaine, environ un milliard de travailleurs du savoir se réveillent, s'installent devant un écran pixélisé et traitent des informations pendant huit heures ou plus. Le travail est sans fin. Le choix des missions à réaliser est sans fin. Et à tout cela s'ajoutent toutes les tâches et responsabilités non liées au travail – chacune avec son niveau d'urgence et d'importance – qu'il faut tant bien que mal caser dans le planning.

---

3. https://www.tiktok.com/@timeboxmedia.

Nous sommes ainsi sans cesse confrontés à un torrent de choix délicats, ce qui nous fait souffrir à plusieurs égards. Nous sommes épuisés par cette avalanche d'options permanentes, ce qui diminue notre capacité à prendre les bonnes décisions[4]. Nous avons développé une peur de passer à côté de toutes les choses que nous *pourrions* faire et que nous voyons défiler sur les réseaux sociaux. D'insidieux algorithmes décident en grande partie de la qualité et de la nature de l'expérience quotidienne, et dès que nous nous en libérons, des notifications non sollicitées nous replongent dedans. Nous ne parvenons pas à trouver du temps pour les habitudes et les activités qui nous mèneront à ce que nous désirons réellement : un développement personnel, une carrière couronnée de succès, des relations épanouissantes, une bonne santé – une vie heureuse et intentionnelle.

Résultat, beaucoup d'entre nous sont bien plus désorientés, perplexes, éreintés, anxieux ou déprimés que nous ne devrions l'être. C'est le fléau dont souffrent les individus les plus privilégiés de la planète.

Pour y faire face, des milliers de livres et d'articles traitant de la productivité et de la gestion du temps ont été publiés. Chacun aborde ces sujets sous un angle différent et en intègre souvent d'autres, connexes : les habitudes, les *checklists*, la concentration, le *flow*, l'énergie, la priorisation, la promesse de faire plus avec moins, les mesures anti-procrastination, la santé mentale et la spiritualité. Certains de ces ouvrages présentent des méthodes efficaces et sont devenus des best-sellers : *Deep Work*, *Imperturbable*, *Four Thousand Weeks*, *15 Secrets Successful People Know about Time Management*, *Eat That Frog!* et *Un rien peut tout changer*, pour n'en citer que quelques-uns.

Pourtant, aucun de ces livres ne comprend un guide précis et rigoureux du timeboxing. Ils reconnaissent tous cette méthode et

---

4. Grant A. Pignatiello, *et al.*, « Decision Fatigue: A Conceptual Analysis », J Health Psychol, 2018, https://www.ncbi.nlm.nih.gov/pmc/articles/PMC6119549.

sa puissance, mais n'y consacrent que quelques paragraphes, ou quelques pages, tout au plus.

J'ai par conséquent conclu qu'il existait une opportunité et une responsabilité de faire connaître cette méthode et cet état d'esprit à un plus vaste public. Ce livre présente le timeboxing comme *la* philosophie fondamentale de gestion du temps qui tend les bras à des milliards d'entre nous, accablés par le poids des choix à faire chaque heure de chaque jour. Qui vous tend les bras pour vous aider.

POURQUOI CETTE MÉTHODE EST FAITE POUR VOUS

Laissez-moi deviner. Vous êtes très chargé. Vous vous sentez souvent submergé. Vous vivez de nombreuses heures numériques chaque jour, les yeux rivés sur un écran. Vous possédez et utilisez plusieurs appareils qui vous relient à ce monde numérique. Vous saisissez votre téléphone portable quelques minutes à peine après vous être réveillé. Vous l'avez chargé toute la nuit, à côté de vous. Vous jouissez d'une certaine flexibilité dans votre journée : concernant peut-être votre lieu de travail, et sûrement les tâches que vous réalisez et à quel moment. Vous aimeriez développer vos compétences, apprendre, bien plus que vous ne le faites actuellement. Vous travaillez souvent sur plusieurs choses à la fois, généralement sans savoir comment vous en êtes arrivé là, sans être pleinement satisfait d'aucune d'entre elles. Vous avez du mal à suivre le rythme des e-mails et laissez souvent des messages sans réponse. Vous ne lisez pas autant que vous le souhaiteriez. Vos soucis professionnels vous suivent jusque chez vous, et vos soucis personnels vous suivent jusqu'au bureau. Vous êtes souvent stressé. Vous ne voyez pas vos proches autant que vous l'aimeriez, et quand vous êtes avec eux, vous n'êtes pas totalement présent. Vous avez testé plusieurs techniques de productivité et aucune n'a suffisamment fonctionné pour devenir une habitude. Votre équilibre vie professionnelle/vie privée ne vous satisfait pas. Vous êtes fatigué. Vous avez le sentiment que les réseaux sociaux tirent plus de vous que vous ne tirez d'eux, et pourtant, vous continuez à faire défiler les images sur l'écran. Vous aimeriez avoir plus de temps.

Vous êtes peut-être :

- un étudiant qui rencontre des difficultés avec la procrastination et le respect des délais ;
- un travailleur indépendant qui jongle entre différents clients, diverses missions, la prospection, le développement de nouvelles compétences, les relances de factures impayées ;
- un employé en télétravail qui essaye de gérer au mieux cette liberté et tous ces choix ;
- un créatif qui cherche à concilier inspiration/expression artistique et délais serrés ;
- un athlète, un CrossFitter ou un coach privé qui organise des programmes d'entraînement et des régimes alimentaires pour ses clients et pour lui-même ;
- un parent qui cherche un équilibre entre vie professionnelle, vie de famille et tout le reste ;
- un parent isolé, qui mène seul des milliers de combats à la fois ;
- un écrivain qui souffre du syndrome de la page blanche ;
- un entrepreneur qui tente de joindre les deux bouts tout en lançant son activité ;
- un retraité qui dispose soudainement d'énormément de temps et qui n'est pas certain de savoir quoi en faire ;
- un gestionnaire de compte qui n'a pas le sentiment d'accorder assez d'attention à ses clients ;
- une personne qui a reçu un diagnostic officiel de TDAH, ou qui en présente les symptômes, souffrant de problèmes de concentration et d'attention.

Bien que chacun d'entre nous ait un passé, une personnalité et un profil neurobiologique différents, l'environnement moderne dans lequel nous vivons, baignant dans une sauce de mondialisation, de numérisation et d'interconnectivité, a quelque peu homogénéisé l'expérience humaine. Nous vivons tous des vies qui se ressemblent et souffrons de maux similaires.

Nous avons tous besoin d'un peu d'aide. Tous autant que nous sommes, nous aimerions avoir accès à la meilleure version de nous-mêmes, adopter de meilleures habitudes et améliorer notre mode de travail et de vie actuel plutôt que de tout reprendre à zéro. Nous aimerions tous trouver un moyen simple d'y parvenir. Voilà pourquoi ce livre est fait pour vous.

Les récits d'adoption du timeboxing aux quatre coins du monde que vous avez pu lre en début d'ouvrage prouvent que vous n'êtes pas seul et que les choses peuvent aisément s'améliorer. Ils racontent les histoires de personnes de tous horizons et de tous milieux pour qui le timeboxing est devenu une source de confort, de productivité et, dans bien des cas, de joie. Leurs expériences témoignent de l'immense popularité de cette méthode, et j'espère que certaines d'entre elles vous parleront.

COMMENT UTILISER CE LIVRE

Il se compose de quatre parties :

- **La partie I, « Croire »,** a pour but de vous convaincre de l'utilité, du fonctionnement et des bienfaits du timeboxing, et de sa capacité à changer votre vie.
- **La partie II, « Planifier »,** vous aide à sélectionner et créer les bonnes boîtes de temps, en règle générale la veille ou le matin du jour où vous utilisez la méthode. Elle se concentre sur les 15 minutes cruciales qui déterminent les 15 heures suivantes.
- **La partie III, « Faire »,** est consacrée au moment où vous appliquez la méthode pendant votre journée de travail ou de vie.
- **La partie IV, « S'approprier »,** vous encourage à faire du timeboxing une habitude qui dure et s'adapte à vous dans chaque tiers de votre vie : travail, temps libre et sommeil. Cette partie

vise à faire du timeboxing une pratique qui fonctionne pour vous au fil des années et des décennies, pas seulement des mois.

Au-delà d'une méthode, le timeboxing est aussi un état d'esprit. Il vous faudra reconnaître l'importance de la gestion du temps, accepter que vous ayez le pouvoir de changer votre comportement et comprendre les nombreux bienfaits du timeboxing. Autrement dit, vous devez adopter une attitude positive et une conviction profonde pour transformer la méthode en habitude (ce qui est vrai pour tout changement comportemental important). La première partie, « Croire », vous aidera à adopter cette mentalité. Lorsque vous aurez trouvé le bon état d'esprit, vous aurez besoin d'une explication simple et claire de la marche à suivre et des mesures à prendre. « Planifier » et « Faire » vous apporteront cette méthode. Enfin, dans la quatrième partie, « S'approprier », votre mentalité évoluera vers l'adoption et l'itération, et vous vous approprierez la méthode à mesure que vous apprendrez à adapter le timeboxing à vos besoins spécifiques et en constante évolution.

Ce livre est écrit et conçu de manière pragmatique. Les chapitres sont courts et accessibles : la plupart d'entre eux peuvent être lus par n'importe qui en moins de dix minutes – une durée facilement intégrable, même dans les emplois du temps les plus chargés. Et chaque chapitre lu et terminé vous procurera un sentiment grisant de satisfaction. Si cela peut vous aider, voyez les choses ainsi : les vingt-quatre chapitres de ce livre peuvent être aisément lus en un mois, au rythme de quelques minutes par jour. Chaque chapitre contient un apport pédagogique de métadonnées pour vous aider à en tirer le maximum. Au début, vous trouverez un inventaire des mots-clés et une citation pour vous préparer à ce qui suit. À la fin, deux encadrés : le premier pour récapituler le chapitre et le second pour encourager une réflexion personnelle sur certains points.

Lancez-vous dans le timeboxing en lisant. Vous tirerez davantage de ce livre et du timeboxing si vous alliez la théorie à la pratique. Au départ, vos boîtes de temps seront imparfaites – trop grosses, trop petites, trop nombreuses ou insuffisantes. Et vous douterez peut-être. Mais vous gagnerez rapidement en confiance, et vos boîtes de temps s'affineront si vous faites en apprenant et si vous apprenez en faisant. Le chapitre 14 (« Ce chapitre ») se consacre expressément à cela, mais je vous encourage fortement à vous y mettre dès maintenant afin d'identifier au plus vite vos difficultés et de chercher des solutions dans le texte. Vous serez en immersion. Nul besoin d'équipement sophistiqué ni d'un guide pour vous aider à vous lancer.

Vous trouverez dans le chapitre 1 toutes les informations nécessaires pour un démarrage rapide. Le nombre de mots et le temps de lecture estimé, annoncés en début de chapitre, vous permettent de gérer encore plus facilement la lecture de ce livre par boîtes de temps. Vous n'avez aucune excuse ! Vous pourriez même décider – dès maintenant – d'appliquer le timeboxing à la lecture du premier chapitre, qui n'est plus qu'à deux minutes d'ici. Et si vous résistez à cette suggestion… prenez-en note et demandez-vous pourquoi.

À mesure que vous lisez et adoptez la mentalité et la méthode du timeboxing et que vous les mettez en pratique, vous observerez plusieurs changements. Vous vous sentirez plus en contrôle de votre travail. Vous développerez une meilleure capacité d'action. Vous serez bien plus à même d'estimer le temps qu'une tâche vous prendra. Vous aurez toujours une réponse à la question : « Que devrais-je faire maintenant ? » Vous perdrez moins de temps dans des activités sans importance et délaisserez les comportements compulsifs qui vous nuisent, car vous mettrez davantage en œuvre vos intentions, formulées dans un moment de réflexion calme et claire. Le temps que vous perdiez avant sera réutilisé pour une ou deux activités qui comptent – l'apprentissage d'une langue, la pratique d'un instrument négligé, l'acquisition d'une compétence longtemps désirée, l'entretien du jardin, la réparation d'une relation négligée. Vos week-ends et vos vacances deviendront ce que vous voulez qu'ils soient. Vous vous mettrez peut-être à parler du timeboxing à votre famille, à vos amis, voire à des inconnus. Vous passerez bien moins de temps à regretter ce que vous avez décidé de faire de votre temps. Et, petit à petit, les bienfaits à court terme s'accumuleront pour donner lieu à un changement de longue durée qui transformera votre vie.

Votre maîtrise du timeboxing atteindra l'excellence bien plus vite que la mienne. Les bienfaits que j'ai découverts au gré de dix ans de tâtonnements peuvent être à vous en moins d'un mois. Mieux encore, vous mettrez au point votre propre version de la méthode, parfaitement adaptée à votre situation et à votre vie.

•••

Je dirige une entreprise technologique[5] qui, couplée aux autres exigences de la vie, est aussi épuisante qu'exaltante. Le timeboxing m'a permis de garder un degré de contrôle considérable sur l'ensemble. Il m'aide à décider sur quoi me concentrer et comment me concentrer dessus. Au beau milieu du chaos de la journée et de l'appel de mes innombrables devoirs, revenir à une chose à la fois me procure un calme rassurant – *un pouvoir*.

Je suis convaincu que cette méthode est naturelle et accessible, et peut vous aider à réaliser plus de choses, à vous sentir mieux et à vivre la vie que vous choisissez de mener. J'espère que le timeboxing sera pour vous ce qu'il est devenu pour moi : un guide de vie, apportant la paix et stimulant la productivité dans un quotidien frénétique et désordonné.

5. www.filtered.com.

Partie I

CROIRE

Le but de la première partie de ce livre est de comprendre ce qu'est le timeboxing, de vous convaincre et de vous inciter à changer ce que vous décidez de faire et quand le faire. Vous comprendrez bientôt les nombreux avantages du timeboxing et apprendrez à les adapter à votre situation personnelle.

1

LE TIMEBOXING EST LA RÉPONSE

> *On pense montre en main, comme on déjeune,*
> *le regard rivé au bulletin de la bourse –*
> *on vit comme un homme qui constamment*
> *"pourrait rater" quelque chose.*
>
> Friedrich Nietzsche

Mots-clés	Définition, fatigue, peur de passer à côté (FOMO), pouvoir d'action, attention, méthode, mentalité
Nombre de mots	2 812
Temps de lecture	12 minutes

QU'EST-CE QUE LE TIMEBOXING ?

Le timeboxing est souvent confondu avec d'autres approches de gestion du temps aux noms similaires : le blocage de temps, la planification quotidienne, la gestion de calendrier ou encore la gestion de l'emploi du temps.

Pour un livre dédié au timeboxing, les définitions variées, contradictoires et redondantes sont à éviter. Prises ensemble ou séparément, elles ne sont pas satisfaisantes. Je propose de définir la méthode et la mentalité du timeboxing de la façon suivante :

- sélection des tâches avant l'intervention des distractions de la journée ;
- spécification de chaque tâche dans un agenda, incluant l'heure de début et de fin ;
- concentration sur une chose à la fois ;
- réalisation de chaque tâche à un niveau acceptable (plutôt que parfait).

Cette définition tient compte des éléments les plus importants : intentionnalité, concentration, réalisation, discipline, accomplissement et création des boîtes de temps. Elle précise aussi un point essentiel, à savoir que la préparation du timeboxing ne doit se faire que lorsque nous y sommes disposés et dans les bonnes conditions. Dans une société civilisée, toutes les règles que nous créons (lois, règles de codage, règles du foyer) sont des exemples de décisions prises au préalable, dans un moment de calme cérébral et résultant d'une étude approfondie, dans le but de nous faciliter la vie sur le long terme. Le timeboxing applique ce principe à une circonstance spécifique : vous.

Bien qu'il ne s'agisse pas d'une définition, vous pouvez aussi voir le timeboxing comme une synthèse de votre to-do list et de votre agenda. La liste nous dit quoi faire, l'agenda nous dit quand le faire. La combinaison des deux les rend bien plus facilement réalisables que séparément.

Il faut aussi faire la distinction entre le timeboxing et le time-blocking. Le time-blocking consiste à bloquer du temps pour faire quelque chose. Le timeboxing est le time-blocking + l'engagement d'exécuter la tâche dans les temps, tels que définis par la boîte. Autrement dit, le time-blocking vise la concentration exclusive ; le timeboxing vise la concentration exclusive + un résultat précis.

QUEL PROBLÈME RÉSOUT-IL ?

Le problème est que nous faisons mauvais usage de notre temps. Nous procrastinons. Nous accomplissons moins que nécessaire. Nous ne nous sentons pas libres, même dans notre temps libre. Nous nous surchargeons. Nous sommes anxieux. La plupart d'entre nous souffrent des problèmes listés dans l'introduction.

Si nous avons tant de mal à faire bon usage de notre temps aujourd'hui, c'est en grande partie pour les raisons suivantes :

- le travail de la connaissance est interminable ;
- nous sommes constamment confrontés à de nombreux choix. Ces choix exercent sur nous une pression désagréable : celle de faire le bon choix. Et les options qui se présentent à nous sont pour la plupart nulles ; l'abondance de choix découle d'une abondance de choses nulles ;
- nous avons développé une peur de passer à côté d'autre chose (FOMO, de l'anglais « *Fear Of Missing Out* »), qui résulte d'une conscience accrue de ce qui se passe ailleurs, surtout à cause des fils d'actualité sur les réseaux sociaux ;
- nous avons cédé le contrôle à des algorithmes et à d'autres personnes. Nous avons perdu une part importante de notre liberté, de notre pouvoir d'action[1] ;
- notre temps sur terre est limité – à peine quatre mille semaines, comme le résume Oliver Burkeman. Et encore moins pour certaines occasions spécifiques, comme passer du temps avec nos grands-parents, nos petits-enfants, nos vieux parents, nos meilleurs amis.

---

1. Dans cette vidéo de 1985, Aldous Huxley avance que la technologie et la croissance démographique forment ensemble une entrave à la liberté : https://www.youtube.com/watch?v=alasBxZsb40.

Que faire de chaque moment qui nous est donné ? C'est une question que les philosophes se posent depuis la nuit des temps : de l'*éthique* de Platon à l'*impératif hypothétique* de Kant[2], en passant par les existentialistes qui se demandaient que faire de notre temps sur terre. La question est également omniprésente dans la fiction – on pense notamment à la détresse de Meursault chez Camus (*L'Étranger*), à *L'Homme-dé* de George Cockcroft, à Didi et Gogo chez Beckett dans *En attendant Godot*.

L'idée que nos vies sont le résultat de la somme de nos expériences, et qu'en tant qu'espèce intelligente et dotée de libre arbitre, nous pouvons, en grande partie, choisir ces expériences, est d'une logique simple et convaincante. Choisissez bien, et vous aurez une belle vie. Choisissez mal, et vous la raterez. Le problème, c'est que nous choisissons souvent mal. Et que nous ne vivons pas aussi bien que nous le pourrions.

LES PARTICULARITÉS QUI RENDENT LE TIMEBOXING EXCEPTIONNEL

Certaines particularités du timeboxing démontrent ses forces inhérentes, tant dans la mentalité que dans la méthode.

Je précise que les particularités désignent les caractéristiques de la méthode – ce qu'elle est. Les avantages, en revanche, sont les manières dont la méthode améliorera votre vie. Dans le jargon des affaires, on dit : les caractéristiques décrivent, les avantages font vendre. Ce chapitre porte sur les caractéristiques du timeboxing, tandis que le reste de cette partie se concentre sur les preuves de son efficacité (voir chapitre 2 « Ça fonctionne ») et sur les avantages qu'en tirent ses adeptes (voir chapitres 3 à 8).

Le timeboxing est **logique**. Nous décidons de manière systématique des aspects importants de notre vie, les classons par ordre

2. Emmanuel Kant, *Fondements de la métaphysique des mœurs*, 1785.

de priorité et leur accordons l'attention qu'ils méritent. Ce faisant, nous optimisons l'enchaînement de nos expériences et l'usage de notre temps, jour après jour, heure après heure. Ceux d'entre nous qui utilisent cette méthode se posent la question : comment les autres font-ils *sans* ?

Le timeboxing est **naturel**. Plus précisément, c'est le prolongement de ce que nous faisons déjà. Près de la moitié de notre vie professionnelle (réunions, trajets, sessions de travail collaboratif) et une partie de notre temps libre (cours de conduite, séance de cinéma, massage, restaurant) sont organisés à l'avance et incluent une heure de début et de fin. Disons qu'environ 4 heures de votre journée de travail et 2 heures de votre temps libre sont déjà planifiées – soit 6 heures au total. Le timeboxing n'est qu'un prolongement de cette planification et devrait par conséquent vous sembler naturel. La pratique consiste à observer le reste de votre temps d'éveil (soit environ 10 heures avec l'exemple susmentionné) et vous encourage à décider comment faire meilleur usage d'une partie de ce temps. Cette habitude n'est pas une contrainte intimidante si vous la voyez ainsi : vous planifiez déjà 6 heures de votre temps par jour, et il s'agit simplement de passer à 8, 10 ou 12 heures. Puisque vous pratiquez déjà le timeboxing, vous pouvez utiliser vos systèmes et processus existants, et nous les examinerons au fil de ce livre afin de les améliorer. Tout cela pour dire que contrairement à de nombreuses autres méthodes de développement personnel, le timeboxing n'est pas une pratique étrangère à intégrer par la force dans votre vie déjà pleine d'habitudes et de comportements depuis longtemps ancrés.

Le timeboxing est **concret**. Ajoutez un élément dans votre agenda, fixez une durée appropriée, et vous êtes prêt. L'approche consiste à appliquer la méthode la plus efficace, vous concentrer pleinement dessus et vous immerger complètement dedans – en apprenant autant que possible par la pratique – afin de la maîtriser et de vous l'approprier.

Le timeboxing est **complémentaire**. Il existe de nombreuses approches de gestion du temps. Le timeboxing est non seulement compatible avec elles, mais il peut même les renforcer. Si vous avez adopté la matrice d'Eisenhower (les tâches sont organisées dans une matrice à deux axes selon leur degré d'importance et d'urgence), vous pouvez placer les tâches les plus urgentes et les plus importantes en priorité dans les boîtes de temps de votre agenda. Si vous utilisez le concept *Eat the frog*[3] (qui consiste à réaliser les tâches les plus difficiles au début de la journée), vous pouvez placer ces tâches en priorité dans vos boîtes. Si vous préférez donner la priorité aux cailloux plutôt qu'au sable (c'est-à-dire que vous organisez les plus petites tâches autour des plus grosses), allouez-leur une boîte de temps en conséquence, en plaçant les plus grosses tâches d'abord. Si vous suivez la règle des 80-20 (80 % des conséquences découlent de 20 % des actions), vous pouvez identifier les quelques éléments essentiels et les faire passer avant les nombreux autres plus triviaux. Si vous êtes un adepte du « chunking », chunkez donc, et chunkez votre timebox. Si vous considérez votre niveau d'énergie comme le moteur de votre productivité personnelle, distribuez le travail créatif, les tâches administratives, les repas, le sport et les pauses dans les plages de temps qui vous conviennent. Si la nutrition fait partie de votre plan de productivité personnelle, le timeboxing vous rappellera de manger et boire au bon moment. Le timeboxing est l'ami souple et arrangeant de toutes les autres techniques de gestion du temps – l'habitude qui les gouverne toutes. (Notez toutefois que beaucoup de ces techniques entrent en conflit les unes avec les autres : que faire si votre niveau d'énergie vous force à repousser les plus grosses tâches en fin de journée ? Que faire si l'ordre des tâches en fonction de leur degré de difficulté ne correspond pas parfaitement – ce qui est fréquemment le cas, bien sûr – à l'ordre par taille ou par importance ?)

Le timeboxing est relativement inconnu. Les recherches du terme « timeboxing » en ligne sont bien moins nombreuses que pour d'autres techniques. Les termes « matrice d'Eisenhower » et

3. Brian Tracy, « Eat That Frog, Explained by Brian Tracy », Brian Tracy International, www.briantracy.com/blog/time-management/the-truth-about-frogs.

« technique Pomodoro » sont par exemple bien plus populaires. Pour le moment, vous ferez partie d'un petit groupe minoritaire de timeboxeurs. Le nombre d'adeptes, qui reconnaissent et apprécient ses bienfaits, est en augmentation constante. Et il ne s'agit pas d'un secret qui doit être gardé pour préserver sa valeur ; le timeboxing est une marée montante qui soulève tous les bateaux. À vrai dire, plus ses adeptes sont nombreux, mieux la synchronisation collective et l'harmonie collaborative se portent (voir chapitre 6 « Pour la collaboration »).

LES BASES DU TIMEBOXING, POUR VOUS Y METTRE DÈS MAINTENANT

Vous tirerez bien plus des pages et chapitres suivants si vous vous lancez activement dans le timeboxing au fil de votre lecture. Il m'est impossible de lister tous les avantages et les secrets, toutes les nuances et les raisons dans le premier chapitre, mais voici les bases, au-delà de la définition, pour vous familiariser et expérimenter avec la méthode dès demain, voire aujourd'hui.

La bonne mentalité est essentielle : vous devez adopter une attitude positive et croire au fonctionnement de la méthode. Puisque vous avez ce livre entre les mains et que vous avez lu jusqu'ici, je dirais que vous êtes sur la bonne voie. Rassurez-vous, les autres chapitres de la partie I vous apporteront toutes les preuves des nombreux avantages du timeboxing.

Quant à la méthode en elle-même, elle se compose de deux activités – planifier et faire – qui correspondent aux parties II et III de ce livre. Voici ce que vous devrez faire pour les mener à bien.

Planifiez (avant de commencer votre journée)

- Définissez une plage horaire (15 ou 30 minutes) avant d'être emporté dans le tourbillon de la journée, qui risque d'obscurcir votre esprit et votre jugement, pour décider des tâches les plus importantes à exécuter.

- Créez un événement dans votre agenda (idéalement, numérique) pour cette séance de planification, en tout début de matinée (ou la veille, en fin de journée). Rendez l'événement périodique pour ne jamais le rater.
- Examinez votre to-do list. Si vous ne faites pas de listes de tâches, mettez-vous-y ! Ce sont elles qui alimentent le timeboxing ; plus votre to-do list est claire, plus votre timeboxing sera efficace.
- Sélectionnez certaines des tâches les plus importantes et urgentes de votre liste et ajoutez-les à votre agenda. Évaluez le mieux possible le temps que chacune vous prendra. Pour le moment, ne vous préoccupez pas de leur ordre – contentez-vous de les ajouter.
- Lancez-vous, commettez des erreurs et apprenez rapidement. Au départ, vous surestimerez ou sous-estimerez le temps nécessaire à la réalisation des tâches – c'est tout à fait normal.

Faites (pendant la journée)

- Commencez à l'heure.
- Supprimez les distractions, la plus dangereuse d'entre elles étant de loin votre smartphone.
- Respectez le plan. Ne doutez pas de vos décisions préalables. Sauf urgence, ce que vous avez pensé plus tôt pendant la planification – quand vous étiez calme et lucide – est mieux que ce que vous pensez maintenant au cœur du tourbillon de la journée.
- Finissez à temps. Faites le travail. Ne laissez pas la perfection devenir l'ennemi du bien. Bien est généralement assez.
- Ayez pour but de partager ce que vous avez fait après chaque boîte de temps accomplie. C'est une pression utile qui vous encouragera à terminer et à faire le travail suffisamment bien pour être partagé – vous verrez que c'est un important critère à respecter.

- Attendez-vous à être distrait et dérangé. Quand cela se produit, entraînez-vous à revenir à votre boîte de temps (retournez à l'agenda), à votre tâche. Avec l'expérience, les distractions seront moins fréquentes et moins longues.

Le timeboxing se prête inhabituellement bien à l'expérimentation au fil de l'eau. Chaque matin, quand vous vous réveillez, vous avez à nouveau la chance de mettre en pratique ce que vous avez appris, d'améliorer, d'expérimenter, de remettre en question et de vous approprier la méthode. Ne passez pas à côté de cette chance ! Vous pouvez commencer par vous y essayer un jour sur deux (lundi, mercredi, vendredi, ou mardi et jeudi, par exemple). Ce genre d'agencement vous permettra de comparer votre vie avec le timeboxing et sans. Je suis certain que vous ressentirez rapidement le besoin de l'adopter tous les jours.

•••

Vous devriez à présent avoir une bonne idée de ce qu'est le timeboxing et de ses caractéristiques. Et vous avez été fortement encouragé à vous y mettre dès maintenant.

Dans les chapitres suivants, nous verrons les raisons pour lesquelles la méthode fonctionne ainsi que quelques-uns des avantages qu'elle vous apportera. J'espère que la combinaison des forces inhérentes du timeboxing et de ses nombreux atouts vous convaincra du caractère unique de cette méthode. Ça n'est pas une simple astuce de productivité. Ni seulement l'une des meilleures techniques de gestion du temps. C'est *la* meilleure technique de gestion de tous les temps. C'est peut-être même la meilleure manière de vivre votre vie.

RÉCAPITULATIF

- Nous ne faisons pas bon usage de notre temps : c'est le problème que résout le timeboxing.

- Le timeboxing est une méthode de :
  - ☐ sélection des tâches à réaliser avant que les distractions viennent perturber la journée ;
  - ☐ spécification de chaque tâche dans un agenda, incluant une heure de début et de fin ;
  - ☐ concentration sur une tâche à la fois ;
  - ☐ réalisation de la tâche à un niveau acceptable (plutôt que parfait).
- D'une certaine manière, le timeboxing est la synthèse de la to-do list et de l'agenda.
- Vous adopterez bien plus vite la mentalité et la méthode, et vous tirerez bien plus de ce livre si vous pratiquez au fil de votre lecture.

RÉFLEXION

- Que pensiez-vous qu'était le timeboxing avant d'ouvrir ce livre ?
- Prenez l'une de vos méthodes de productivité personnelle. Comment pourriez-vous l'associer au timeboxing ?
- Sur les 16 heures d'éveil d'hier, combien pensez-vous en avoir utilisé à bon escient ?
- Voici une liste des dix techniques et astuces de gestion du temps les plus populaires. Le timeboxing les touche toutes du doigt et est étroitement lié à huit d'entre elles. Lesquelles ?
  - ☐ classer les tâches par ordre de priorité ;
  - ☐ créer une to-do list ;
  - ☐ utiliser un agenda ;
  - ☐ fixer un délai ;
  - ☐ planifier des pauses ;
  - ☐ déléguer des tâches ;
  - ☐ supprimer les distractions ;
  - ☐ suivre votre temps ;
  - ☐ décomposer les tâches lourdes ;
  - ☐ tirer profit des technologies.

À l'exception de « déléguer des tâches » et « tirer profit des technologies ».

2

ÇA FONCTIONNE

> *Échafauder une théorie avant d'avoir toutes les preuves est une grave erreur. Cela fausse le jugement.*
>
> Sherlock Holmes

Mots-clés	Confiance, crédibilité, preuve, science, croyance, intention, objectif, intention d'implémentation, engagement
Nombre de mots	2 650
Temps de lecture	8 minutes

Le timeboxing fonctionne. J'y crois car je l'ai vu fonctionner, pour moi et pour tant d'autres. Comme précisé plus tôt, vous devrez vous aussi y croire pour vous lancer et pour l'intégrer à votre vie. Alors, prenons un chapitre et moins de dix minutes pour examiner les preuves et voir si elles parviennent à vous convaincre.

SCIENCE ET INTENTIONS D'IMPLÉMENTATION

La majorité des techniques de gestion du temps reposent sur des intuitions qui se sont installées plutôt que sur des preuves scientifiques solides. Le timeboxing repose sur les deux. Plusieurs articles scientifiques (en grande partie à l'initiative de Peter Gollwitzer[1] dans les années 1990) indiquent que définir des intentions au préalable et de manière formelle augmente considérablement la probabilité d'atteindre un objectif.

Gollwitzer a introduit le concept d'*intention d'implémentation*, un engagement prenant la forme suivante : « Quand la situation X se produit, ma réponse sera Y. » Ces engagements sont plus précis et concrets que la notion vague d'*intention de but* (« Je compte atteindre X ») et créent des étapes qui mènent au but. Les intentions d'implémentation sont aussi plus pratiques et plus utiles car elles détaillent ce qui doit être fait, quand et où.

Le timeboxing est une sorte d'intention d'implémentation. Le « quoi », le « quand » et le « où » sont tous précisés par vos soins quand vous créez correctement vos boîtes de temps. Et une timebox planifiée – si elle est réalisée avec soin, avec intention et sans contrainte – garantit que son exécution vous rapprochera d'un but qui en vaut la peine. J'attache donc le timeboxing au concept d'intention d'implémentation tandis que nous passons en revue

1. Peter M. Gollwitzer, « Implementation Intentions: Strong Effects of Simple Plans », *American Psychologist*, 1999, https://doi.org/10.1037/0003-066X.54.7.493.

les preuves scientifiques de ce dernier. Un agenda numérique organisé en boîtes de temps nous fournit, à nous, les travailleurs du savoir, le stimulus numérique idéal (l'agenda, synchronisé sur plusieurs appareils) pour atteindre nos objectifs.

Alors, quel tableau brossent les preuves du fonctionnement des intentions d'implémentation ? Un excellent tableau. De nombreuses études indépendantes (référencées dans l'article de Gollwitzer) montrent que l'ajout d'une intention d'implémentation améliore les résultats de manière radicale :

- Dans une étude, un groupe d'étudiants universitaires ont été interrogés au sujet de projets à réaliser pendant les vacances. Pour les projets difficiles, 67 % des participants qui avaient défini une intention d'implémentation les ont menés à bien, contre seulement 25 % pour ceux qui n'en avaient pas défini.
- Dans une autre étude avec des étudiants, les participants ont été invités à rédiger un rapport sur ce qu'ils avaient fait pendant le réveillon de Noël. La moitié d'entre eux devaient préciser dans le questionnaire quand et où ils comptaient écrire ce rapport au cours de cette période de 48 heures (autrement dit, ils devaient créer une boîte de temps dédiée), l'autre moitié, non. Parmi ceux qui ont procédé au timeboxing, 75 % ont envoyé un rapport, contre seulement 33 % dans l'autre groupe. Ce résultat souligne que le simple fait de *demander* à quelqu'un de timeboxer produit un effet majeur. L'effet même du timeboxing – sélectionner et planifier soi-même les boîtes de temps – est inévitablement encore plus fort.
- Dans un domaine totalement différent, une étude s'est intéressée à des femmes qui s'étaient donné pour objectif de réaliser une autopalpation du sein au cours du mois suivant. Parmi les participantes qui avaient défini une intention d'implémentation, 100 % ont effectué l'autopalpation, contre seulement 53 % chez celles qui n'en avaient pas défini.
- Des résultats tout aussi impressionnants ont été observés chez des populations critiques – incluant des toxicomanes en période de sevrage, des patients schizophrènes et des patients souffrant de lésions aux lobes frontaux – dont le taux de

guérison a considérablement augmenté après avoir défini des intentions d'implémentation.

- Une étude menée en 2023[2] a conclu que les intentions d'implémentation permettaient de réduire efficacement le risque d'auto-mutilation chez les personnes vulnérables. Ces intentions constituent ainsi une intervention utile pour réduire l'auto-mutilation en situation critique spécifique.

Ces études ne font pas que corroborer le timeboxing. Elles quantifient l'augmentation : nous sommes environ 2,5 fois plus productifs quand nous définissons une intention d'implémentation et un délai pour accomplir la tâche. Peu d'autres techniques de gestion du temps (voire aucune) ne sont étayées par autant de preuves scientifiques indépendantes.

VOUS LE FAITES DÉJÀ

J'ai mentionné dans le chapitre précédent que la plupart d'entre nous pratiquaient déjà le timeboxing dans une certaine mesure, en tenant à jour un agenda avec des rendez-vous planifiés. Comme nous l'avons vu dans le chapitre 1, cela signifie que cette méthode nous paraît *naturelle*. C'est aussi la preuve qu'elle fonctionne. Nous organisons nous-mêmes des rendez-vous avec un début et une fin, et d'autres personnes nous invitent à des rendez-vous. Beaucoup d'entre nous créent aussi des boîtes de temps pour nos propres tâches : nous mettons nos casques sur nos oreilles, nous allons nous balader, nous emportons notre ordinateur portable dans un environnement différent pour faire quelque chose.

Ainsi, même si notre pratique du timeboxing n'est pas consciente, intensive ou optimale, nous l'avons tous déjà adoptée. Et il est impossible de nous en défaire, car décider de nous comporter d'une

2. Abigail Paterson, *et al.*, « Evidence that implementation intentions reduce self-harm in the community », *British Journal of Health Psychology*, 2023, https://bpspsychub.onlinelibrary.wiley.com/doi/10.1111/bjhp.12682.

certaine manière à un certain moment – souvent de concert avec d'autres – est un élément fondamental de notre façon de vivre et de travailler. Nous ne le ferions pas si ça ne fonctionnait pas. Ça fonctionne. Mais c'est en rendant cette pratique réellement intentionnelle qu'on atteint la maîtrise et la tranquillité d'esprit.

Ajoutons qu'il existe toute une industrie qui repose entièrement sur l'activité de timeboxer pour d'autres personnes. Chaque jour, des centaines de milliers[3], voire des millions, d'assistants humains exécutent des tâches pour leurs managers surchargés. Parmi les missions des assistants exécutifs : organiser et tenir à jour les agendas, planifier des rendez-vous et y préparer les managers. Autrement dit : s'occuper du timeboxing. Ce type d'assistance est une pratique courante du monde des affaires depuis des décennies – depuis que le travail du savoir a conquis le monde. Peut-on imaginer un seul instant que des centaines de milliers de gens (et désormais d'intelligences artificielles) accompliraient ces tâches pour leurs patrons si cette activité n'en valait pas la peine ?

UN CONSENSUS PARMI LES SPÉCIALISTES

Comme nous l'avons vu dans l'introduction, de nombreux gourous de la productivité citent le timeboxing, tandis que plusieurs des grands spécialistes de la productivité préconisent cette méthode (même s'ils la nomment autrement).

Ces dernières années, les GAFAM ont rejoint la tendance. La fonctionnalité Time Insights de Google permet à ses utilisateurs de voir précisément ce qu'ils font de leur temps. De la même manière, Viva Insights de Microsoft les aide à visualiser la répartition de leur temps au cours de leur journée de travail, dans le but d'augmenter leur productivité et d'améliorer leur bien-être. Ces

3. « Executive Assistant Demographics and Statistics in the US », Zippia, https://www.zippia.com/executive-assistant-jobs/demographics.

géants de la tech ne sont pas seuls ; plusieurs petites plateformes et startups misent aujourd'hui elles aussi sur cette occasion (voir chapitre 23 « Outils et technologies »).

Dans une métaétude[4] sur les astuces de productivité réalisée par mon entreprise, Filtered, le timeboxing s'est hissé au sommet de la liste des techniques recommandées par les experts :

1. Timeboxez
2. Priorisez.
3. Dites non.
4. Bougez !
5. Contrôlez vos appareils.
6. Faites de petites pauses.
7. To-do lists.
8. Mangez sainement.
9. Règle des 2 minutes.
10. Contrôlez les réseaux sociaux.
11. Décidez quand vérifier vos e-mails.
12. Organisez votre espace de travail.
13. Commencez plus tôt.
14. Respirez.
15. Désactivez les alertes.
16. Écourtez les réunions.
17. Bloquez des sites Web.
18. Outils de productivité.
19. Planifiez.
20. Monotâche.
21. Sons et musique.
22. Écrivez.
23. Décomposez les tâches.
24. Règle des 80-20.
25. Restez vous-même.
26. Évitez les distractions visuelles.
27. Dormez.
28. Menez les réunions efficacement.
29. Regroupez les tâches similaires.
30. Diminuez le nombre de réunions.
31. Concentrez-vous sur les résultats.
32. Efficacité plutôt qu'efficience.
33. Déléguez.
34. Ignorez les infos.
35. Changez de décor.
36. Longues pauses.
37. Chronométrez-vous.
38. Soyez positif.
39. Relancez après les réunions.
40. Un petit changement.
41. Flow.
42. Buvez de l'eau.
43. Engagez-vous publiquement.
44. Reconnaissez votre succès.

4. « The Definitive 100 Most Useful Productivity Tips », Filtered, https://learn.filtered.com/hubfs/Definitive%20100%20Most%20Useful%20Productivity%20Hacks.pdf.

45. Ne relisez pas les e-mails.
46. Aidez les autres en réunion.
47. Soyez à l'heure.
48. Délestez-vous.
49. Travaillez chez vous.
50. Procrastination productive.
51. Votre *prime time* biologique.
52. Trouvez du temps pour vous.
53. Soyez réaliste.
54. Définissez clairement vos objectifs.
55. Lancez-vous.
56. Buvez du café avec modération.
57. Appareils en réunion.
58. Débarrassez-vous des mauvaises habitudes.
59. Aimez votre job.
60. Faites preuve de compassion.
61. Concentrez-vous sur le moment présent.
62. Systématisez.
63. Commencez et finissez à l'heure.
64. Devenez ergonomique.
65. Servez-vous des trajets.
66. Déconnectez-vous.
67. Rôles en réunion.
68. Ne faites pas de to-do lists.
69. 10 000 heures.
70. Identifiez les heures perdues.
71. Objectifs à court et à long terme.
72. Visualisez le succès.
73. Récompensez-vous.
74. Rituels.
75. Les « 9 règles d'e-mail » d'Eric Schmidt.
76. Soyez flexible.
77. Consignez toutes vos idées.
78. Prenez le contrôle dès que possible.
79. Retrouvez la joie de travailler.
80. Apprenez à taper sans regarder le clavier.
81. Écoutez activement.
82. Méthode « Inbox Zero ».
83. Message vocal.
84. Modèles.
85. Le plus dur en premier.
86. Fermez les boucles ouvertes dans votre tête.
87. Listes d'attente.
88. Dépriorisez le non-essentiel.
89. Réponse avant le…
90. Lumière naturelle.
91. Contrôlez votre boîte de réception.
92. Portez un uniforme.
93. Fixez des délais.
94. Nommez un adjoint aux tâches.
95. Manager de mots de passe.
96. Planifiez des moments de « stress ».
97. Cinq objectifs.
98. Convertissez les e-mails en to-do.
99. Réveille-matin à l'ancienne.
100. Mâchez du chewing-gum.

Vous remarquerez qu'un grand nombre de ces propositions sont liées au timeboxing. Pouvez-vous les identifier ?

TÉMOIGNAGE PERSONNEL

Je m'en porte garant. J'utilise le timeboxing depuis 10 ans. Après n'avoir appliqué aucune méthode, puis avoir adopté les to-do lists et la planification quotidienne, j'ai enfin jeté mon dévolu sur le timeboxing.

Je possède donc 10 ans de pratique *intensive*. En moyenne, je crée 15 boîtes de temps par jour de la semaine, et 5 le week-end. Au total, j'ai créé 44 000 boîtes de temps, ce qui signifie que j'ai pris 44 000 décisions pour assigner une tâche/un travail/une activité spécifique à une période spécifique, et dans la grande majorité des cas, je les ai accomplis. C'est énormément de pratique et d'expérience pour déterminer ce qui fonctionne pour moi. Et ça fonctionne. En d'autres mots : avant, j'étais plein d'incertitudes concernant la journée à venir ; c'était quelque chose qui m'arrivait sans que je le contrôle. À présent, grâce au timeboxing, j'ai davantage l'impression que c'est moi qui contrôle la journée – chaque jour. Ce sentiment positif est également rétrospectif : après avoir timeboxé, je ressens de la joie – celle de l'accomplissement de la tâche et celle de la satisfaction de voir un plan prendre forme.

Tout en réalisant mes boîtes de temps, je mets souvent en œuvre une autre méthode de productivité. Je tiens à jour une to-do list (et je désapprouve les appels à « tuer la to-do list » qui continuent de circuler – nous y reviendrons dans le chapitre 10). J'observe mon propre niveau d'énergie et j'ai conscience que je suis plus productif tôt le matin, notamment pour les tâches créatives ou exigeantes sur le plan intellectuel. Depuis que j'en ai eu vent, j'ai été influencé par la règle des 80-20 (aussi appelée principe de Pareto, selon lequel la plupart des effets découlent de seulement quelques causes – par exemple, 20 % des auteurs réalisent 80 % des ventes de livres) et par la loi de Parkinson (le travail s'étale de manière à occuper tout le temps disponible à sa réalisation – si vous vous donnez 2 heures pour écrire un court paragraphe, vous utiliserez tout ce temps). Le fait que ces deux méthodes s'imbriquent naturellement avec le timeboxing renforce ma détermination à continuer.

Certains me considèrent comme une personne très organisée, à un point qui peut parfois troubler (à la vue de mes journées totalement organisées en boîtes de temps successives, il n'est pas rare que les gens tirent la grimace et me demandent : « Comment peux-tu mener une vie pareille ? »). Je peux le comprendre, mais j'ajouterais que les personnes extrêmement organisées ne sont pas nées ainsi. Elles ont mis au point et perfectionné un système de gestion personnelle qui fonctionne pour elles. Bien souvent – plus que vous ne le pensez –, ce système n'est autre que le timeboxing.

Au cours des dernières décennies, j'ai discuté du timeboxing avec de nombreux collègues, clients, amis et même inconnus. Bien que je sois profondément investi dans cette pratique, j'aime à penser que je reste ouvert à toute objection convaincante. Mais je n'en ai entendu aucune. La plus convaincante qui me vienne à l'esprit est que le timeboxing n'est pas adapté à certaines situations. Et je l'admets (voir chapitre 24 « La méthode fonctionne pour vous »). En ce qui me concerne, le timeboxing a résisté à l'épreuve du temps.

Exemple récent : j'ai écrit ce livre. Quand l'éditeur m'a contacté, j'étais déjà très pris entre ma famille et mon entreprise. Le seul moyen d'ajouter un autre gros projet dans ma vie était de recourir au timeboxing, de manière encore plus intentionnelle et habile qu'avant. D'ailleurs, certains des arguments listés dans ces pages ont été peaufinés au fil de l'écriture – encore un exemple d'histoire qui s'écrit au fil de la narration.

•••

J'espère que vous êtes de plus en plus convaincu. Vous ne le deviendrez complètement que quand vous commencerez à remplir votre agenda avec vos événements/intentions d'implémentation/boîtes de temps. Ces deux premiers chapitres nous ont permis de décrire le problème auquel nous sommes confrontés, la solution apportée par le timeboxing et la preuve que la méthode fonctionne. Les six prochains chapitres s'intéresseront aux avantages de la pratique, présentés dans un cadre passé-présent-futur.

RÉCAPITULATIF

- Des sources multiples prouvent que le timeboxing fonctionne.
- Le timeboxing est une sorte d'intention d'implémentation (quand la situation X se produit, ma réponse sera Y), une méthode largement étayée par des preuves scientifiques.
- Nous pratiquons déjà le timeboxing, à des degrés divers.
- De nombreux spécialistes de la productivité, de renom et d'horizons variés, s'accordent à dire que le timeboxing fonctionne.

RÉFLEXION

- Souvenez-vous d'une situation dans laquelle des preuves vous ont été présentées et vous ont fait changer d'avis sur une question majeure. Qu'est-ce qui vous a convaincu ?
- Définissez dès maintenant une intention d'implémentation.
- Ce chapitre mentionne plusieurs sortes de preuves du fonctionnement du timeboxing. Laquelle est la plus persuasive pour vous ? Pourquoi ?

3

POUR LA MÉMOIRE

> *La psychologie cognitive nous dit que l'esprit humain, sans aide ni soutien, s'expose à de nombreuses idées fausses et illusions, car il s'appuie sur des souvenirs d'anecdotes plutôt que sur des statistiques systématiques.*
>
> Steven Pinker

Mots-clés	Historique, carnet de bord, trace écrite, réflexion, apprentissage, connaissance de soi, conscience de soi
Nombre de mots	1 570
Temps de lecture	6 minutes

Le premier avantage du timeboxing concerne le passé – votre passé.

Depuis l'apparition d'Internet, nous gardons une trace écrite de notre vie quotidienne, sous forme d'un historique de recherche et de publications sur les réseaux sociaux. Malheureusement, ce sont surtout les GAFAM (Alphabet [Google], Amazon, Meta [Facebook], Apple et Microsoft) qui en tirent profit – pas vous. Le timeboxing vous permet de conserver un historique d'une grande utilité, rien que pour vous.

Un agenda parsemé de boîtes de temps consigne ce que vous avez fait d'une bonne partie de votre journée, voire de votre journée entière. Pour paraphraser le discours de Gettysburg[1], c'est quelque chose qui vous concerne, fait par vous et pour vous. Ces informations peuvent vous être utiles à plusieurs égards.

MÉMOIRE

Que faisiez-vous mardi dernier dans l'après-midi ? Quand avez-vous discuté avec cet ami d'enfance que vous ne voyez pas assez souvent ? Depuis combien de temps organisez-vous vos réunions d'équipe hebdomadaires ? Quand avez-vous échangé avec ce client potentiel ?

Nous oublions ce que nous faisons à une vitesse alarmante. La plupart d'entre nous peinent à se souvenir de ce qu'ils ont fait plus tôt dans la journée – sans parler d'hier ou de la semaine dernière. Certainement parce que nous entassons trop de choses dans notre vie et que notre capacité mentale n'est pas suffisante pour nous souvenir de tout.

---

1. NDT : Le discours de Gettysburg est le discours que prononce le président Abraham Lincoln le 19 novembre 1863 lors d'une cérémonie de consécration du champ de bataille qui a fait 7 863 victimes parmi les soldats de l'Union et de la Confédération entre le 1er et le 3 juillet 1863. Lincoln énonce dans cette adresse le principe du « gouvernement du peuple, par le peuple et pour le peuple ».

Le timeboxing apporte une solution à ce problème. C'est une archive de tout ce que vous avez décidé de consigner, et dans laquelle vous pouvez faire des recherches. En ce qui me concerne, je suis en mesure d'extraire des informations sur la grande majorité de mon temps d'éveil depuis dix ans. Dans certains cas, il s'agit d'une information précise (un nom, un numéro de téléphone, une activité), et dans d'autres, une boîte de temps spécifique ouvrira dans mon esprit un tiroir entier de souvenirs clairs sur un événement passé. Quoi qu'il en soit, une telle archive composée de boîtes de temps a plusieurs fonctions utiles.

Ces informations peuvent s'avérer très précieuses quand vous êtes dans une posture défensive. Imaginons que vous êtes dans une situation délicate au travail et que vous devez être en mesure de montrer ce que vous avez fait et quand. Un agenda timeboxé contenant toutes les entrées pertinentes vous permet de répondre sans l'ombre d'un doute et sans délai.

Cet historique peut aussi vous aider dans la gestion de votre santé. Savoir quand vous êtes tombé, quand vous avez commencé à prendre un traitement ou quand vous avez vu votre spécialiste pour la dernière fois peut vous sauver la vie ou, au moins, favoriser votre bien-être dans certaines circonstances. Il peut être profitable de marquer ces incidents, accidents et rendez-vous dans votre agenda.

Mais par-dessus tout, cette trace écrite vous permet de récolter les fruits de votre travail. Voici un exemple. Vous avez bientôt rendez-vous avec une personne que vous n'avez pas vue depuis un moment. Vous pensez avoir pris quelques notes utiles lors de votre dernière entrevue, mais vous ne les retrouvez pas car vous ne vous souvenez plus de la date de cette rencontre. C'est là que l'agenda et ses boîtes de temps vous viennent en aide : à l'aide d'une simple recherche de nom ou d'e-mail, vous pouvez retrouver la date de ce rendez-vous et ce que vous avez fait de vos notes.

Une semaine sans boîtes de temps : rendez-vous uniquement

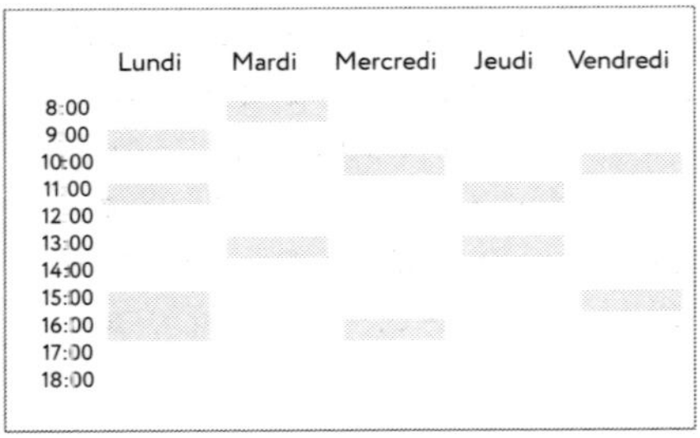

Une semaine avec boîtes de temps : un trésor de souvenirs

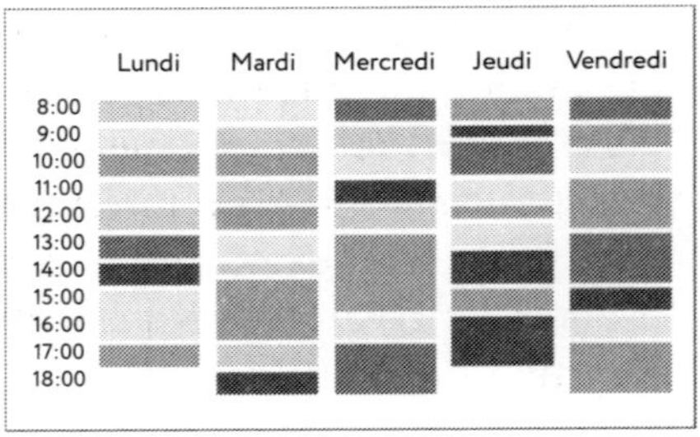

Vous pouvez aisément améliorer vos fonctions de recherche. Si vous utilisez systématiquement des termes clés (peut-être même avec le hashtag) dans les titres et descriptions de vos boîtes de temps, une recherche simple dans votre agenda vous dira quand et à quelle fréquence vous avez participé à des activités diverses : #ventes, #famille, #méditation #rendez-vous, etc. Plus de détails au chapitre 11 (« Création des boîtes »).

MOTIVATION

Le timeboxing garde une trace écrite de ce que vous avez fait – vos accomplissements. Cette trace peut vous motiver à en faire encore plus. Certains aiment ajouter l'émoji « coché » (✓) à côté de chaque point dès que la tâche est réalisée. C'est une expérience tellement positive que créer des boîtes de temps après coup (entre 9 h et 9 h 30, j'ai fait ceci, entre 11 h et 11 h 30, j'ai fait cela, etc.) peut être tout aussi productif (et contribuer en outre à étoffer l'historique de recherche). Certains experts de la productivité vantent les mérites d'une liste d'accomplissements. Là aussi, le timeboxing coche cette case. En conservant une archive et en mesurant vos réalisations, vous en tirez une récompense immédiate, une dose de dopamine qui vous motive à recommencer (sans compter les avantages à long terme qu'apporte l'exécution de la tâche en question).

Certains adeptes radicaux du timeboxing suivent la devise : « Si ça n'est pas inscrit dans l'agenda, ça n'existe pas. » Autrement dit, à moins d'être dans une boîte de temps, une activité donnée risque de ne plus se reproduire à l'avenir. Je trouve cette formulation un peu rebutante, mais aussi assez persuasive. Et cette logique fonctionne aussi rétroactivement : si un événement n'a pas été consigné (dans un agenda numérique, par exemple), a-t-il vraiment eu lieu ? Quels que soient vos penchants philosophiques[2], les événements non enregistrés et oubliés ne sont d'aucun intérêt pour personne.

Autre source de motivation : une vie bien consignée peut sembler meilleure. Le physicien et philosophe Sean Carroll, parmi d'autres, avance[3] que plus nous accumulons de souvenirs, plus le temps qui s'est écoulé nous paraît long. Une vie pleine de souvenirs, pas seulement d'activités, peut nous donner le sentiment de vivre une aventure plus riche et plus précieuse.

DÉVELOPPEMENT PERSONNEL

Un agenda timeboxé peut nous aider à réfléchir à la manière dont nous vivons notre vie, en nous posant des questions potentiellement intéressantes telles que :

- Qu'avais-je d'autre en tête le jour où j'ai pris cette importante décision ?
- Est-ce que j'ai trop travaillé ?
- Ai-je passé assez de temps sur l'aspect XYZ de ma vie ?
- Quelles sont mes bonnes et mauvaises habitudes, et lesquelles dois-je changer ?
- De quelle manière et à quelle fréquence me fais-je plaisir ?

---

2. On pense à la question, toujours sans réponse, posée par George Berkeley il y a 300 ans : « Un arbre fait-il du bruit quand il tombe si personne n'est là pour l'entendre ? »
3. « How can you make time last longer? », *Radio 4 in Four*, BBC Sounds, https://www.bbc.co.uk/sounds/play/p041vcb6.

- De quels moments récents suis-je le plus fier ?
- Est-ce que j'accorde assez d'attention à mon/ma partenaire ?

Vous apprécierez particulièrement vos boîtes de temps le jour où vous devrez remplir votre bilan de performance et lister tout ce que vous avez accompli au cours des derniers mois. Le simple fait d'ajouter au fur et à mesure le hashtag #bilan (par exemple) dans les boîtes concernées vous facilitera grandement la vie et vous permettra de ne pas oublier vos principales réussites.

Bien entendu, une grande partie du contenu consigné dans vos boîtes de temps sera assez banal (alors, pensez à l'égayer avec un peu d'humour, des titres captivants, etc.) Mais le banal a aussi de la valeur ; pour reprendre les mots de l'écrivain Ian McEwan : « Les banalités commencent à prendre de l'éclat quand de nombreuses années se sont écoulées[4]. »

GAIN DE TEMPS

Vous gardez peut-être d'autres traces écrites. Le *journaling*[5], le *bullet journaling*, la prise de notes et même les e-mails consignent d'une certaine manière vos activités. Mais le timeboxing vous fait gagner encore plus de temps. Créer une boîte de temps simple et opérationnelle ne prend que quelques secondes. C'est non seulement rapide, mais c'est aussi facile, car beaucoup d'entre nous utilisent déjà un agenda numérique.

•••

Un tel historique personnel de vos activités est à la fois utile et enracinant, et vous apprend énormément sur vous-même et sur les autres. C'est un dossier privé et intime, alors gardez-le pour vous.

---

4. https://www.youtube.com/watch?v=ideZXg-TLz8.
5. Le timeboxing peut facilement s'élargir pour inclure diverses formes de prises de notes.

RÉCAPITULATIF

- Le timeboxing crée un historique utile qui vous permet de retrouver ce que vous avez fait.
- Vous pouvez vous en servir pour :
  - ☐ extraire des informations et vous rafraîchir la mémoire ;
  - ☐ en tirer du crédit et vous encourager à persévérer ;
  - ☐ réfléchir et vous développer.

RÉFLEXION

- Choisissez l'une des sept questions de développement personnel de ce chapitre qui vous semble particulièrement pertinente. Voyez si vous en tirez une nouvelle vérité sur vous.
- Avez-vous connu une situation au travail où vous auriez aimé pouvoir vous souvenir plus facilement du déroulement d'une journée spécifique ?
- Que faisiez-vous hier à la même heure ? Fermez les yeux et essayez de vous en souvenir, sans aucune aide extérieure. Voyez ce que votre esprit fait remonter à la surface en essayant d'extraire cette information.
- Que faisiez-vous la semaine dernière à la même heure ? Fermez à nouveau les yeux et essayez de vous en souvenir, sans aucune aide. Et voyez là encore ce que votre esprit fait remonter.

4

POUR LA SÉRÉNITÉ

> « *Je suis mon propre sanctuaire et je peux renaître autant de fois que je le souhaite tout au long de ma vie.* »
>
> Lady Gaga

Mots-clés	Stress, inquiétude, surcharge, pouvoir d'action, contrôle, satisfaction, joie, épanouissement, libération, paix, sanctuaire
Nombre de mots	1 747
Temps de lecture	6 minutes

Le timeboxing peut vous aider à vous sentir moins stressé et plus maître de votre vie. Il peut vous libérer. Le principal bienfait du timeboxing, à mes yeux, se trouve dans ce chapitre : plus que l'amélioration de la productivité, c'est celle du bien-être. Ce chapitre se concentre sur les avantages émotionnels et psychologiques du timeboxing.

Les travailleurs du savoir d'aujourd'hui souffrent d'anxiété et de surmenage. Les statistiques parlent d'elles-mêmes : on estime que 15 % des adultes actifs vivent avec un trouble mental ; à l'échelle mondiale, 12 milliards de jours travaillés sont perdus chaque année à cause de la dépression et de l'anxiété, entraînant des pertes de productivité s'élevant à 1 billion de dollars américains aux États-Unis[1].

En nous recentrant sur une seule activité à un moment précis, dans le chaos de la journée et le tourbillon de choses à faire, le timeboxing nous permet de rester concentrés. Quand les distractions apparaissent – en particulier les communications entrantes –, votre agenda peut devenir votre refuge et une source de réconfort. Il vous rappelle que ce à quoi vous avez donné la priorité est bel et bien la chose que vous devez faire, et la seule que vous devez faire pendant cette période.

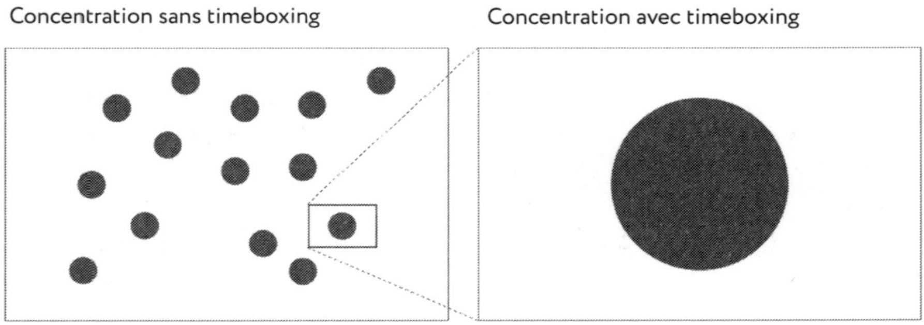

1. « Mental Health at Work », World Health Organisation, 2022, https://www.who.int/news-room/fact-sheets/detail/mental-health-at-work.

SOUFFREZ MOINS

Êtes-vous un perfectionniste ? Un procrastinateur ? Un *people pleaser*, qui a tendance à toujours dire oui aux autres ? Un adepte du multitâches ? Un angoissé ? Vous faites peut-être preuve de ces traits de caractère à différents moments. C'est le cas de presque tout le monde. C'est mon cas. Notre vie moderne, criblée de technologies en tous genres et baignant dans l'interconnectivité permanente, engendre ces caractéristiques et tendances. Malheureusement, elles conduisent à une forme de souffrance. Heureusement, le timeboxing nous guide ailleurs.

En cherchant à accomplir l'impossible, les perfectionnistes corrigent et modifient sans cesse leur travail et ne sont jamais assez satisfaits pour y mettre un point final. Ils manquent les dates butoirs et demandent des délais supplémentaires. En portant un jugement trop dur sur leur travail (et en s'imaginant que les autres les jugent aussi), ils ont bien du mal à trouver la satisfaction. Le timeboxing peut porter secours aux perfectionnistes en mettant ce point final grâce aux limites fixées dans la boîte de temps, qui les contraignent à un moment donné à envoyer quelque chose, à le partager, à le livrer (voir chapitre 17 « Livrer quelque chose »).

Les procrastinateurs attendent la dernière minute pour s'y mettre, même s'ils ont parfaitement conscience des conséquences négatives de cette approche. Résultat, ils rendent souvent un travail de moindre qualité. Ce trait de caractère est aussi lié à la dépression, à l'anxiété et à une mauvaise estime de soi[2]. Le timeboxing peut aider les procrastinateurs légers à relancer leur productivité et à commencer leur travail plus tôt, à un créneau prédéterminé qu'ils s'engagent à respecter. Dr Piers Steel, expert en science de la motivation, insiste sur l'importance de

2. Nader Hajloo, « Relationships Between Self-Efficacy, Self-Esteem and Procrastination in Undergraduate Psychology Students », *IJPBS*, 2014, https://www.ncbi.nlm.nih.gov/pmc/articles/PMC4359724.

s'engager au préalable et de contrôler son environnement – deux éléments clés du timeboxing – pour aider à briser le cycle de la procrastination.

Les *people pleasers* ont tendance à promettre trop de choses sur le moment pour faire plaisir aux autres (un ami, un collègue, un membre de leur famille, et même des inconnus). Mais peu de temps après, ils souffrent d'une charge de travail trop importante et irréaliste, qui conduit inlassablement au mécontentement et à la déception de leurs collègues. Le timeboxing peut les aider à dire non au bon moment et avec les bons arguments, en fournissant des données concrètes sur leur disponibilité réelle. Il peut même devancer de telles sollicitations si l'agenda est déjà partagé (et rempli).

Les adeptes du multitâches essayent de faire plus d'une chose à la fois, mais y parviennent rarement. Non seulement le multitâches est négativement corrélé à la performance[3], mais des études ont aussi montré que ceux qui le pratiquaient se sentaient moins positifs. C'est un phénomène courant : vous cherchez vos clés mais votre attention est détournée par ce livre que vous aviez l'intention de lire ; vous envoyez un e-mail à quelqu'un et un autre e-mail fâcheux capte votre attention ; vous lisez l'un des livres du *Monde de Narnia* à votre enfant et une notification sur votre smartphone vous arrache à cet univers. Il a été prouvé que certaines mesures anti-multitâches (comme l'envoi d'e-mails pendant une période exclusivement consacrée à gérer votre boîte de réception) peuvent améliorer le bien-être[4]. Le timeboxing, méthode monotâche, est un bon moyen d'éviter cette mauvaise habitude. Pour les nuances sur le multitâches, voir le chapitre 18.

---

3. Brad Aeon, *et al.*, « Does Time-Management Work? A Meta-Analysis », *PLOS One*, 2021, https://www.ncbi.nlm.nih.gov/pmc/articles/PMC7799745.
4. Nick Fitz, « Batching Smartphone Notifications Can Improve Well-Being », Computers in Human Behaviour, 2019, https://www.academia.edu/36928325/Batching_smartphone_notifications_can_improve_well_being.

Les angoissés, par définition, s'inquiètent et en souffrent. Même quand ils sont productifs – ce qu'ils sont souvent –, leur angoisse a de nombreuses retombées négatives et complexes sur leur santé mentale, tant sur le plan professionnel que social. Dans leur cas, le timeboxing n'est pas un remède miracle, mais certains d'entre eux trouveront du réconfort dans la planification d'un créneau d'inquiétude spécifique[5]. En dégageant un moment pour s'inquiéter et réfléchir à un problème, ils procèderont à une compartimentalisation qui les libérera avant et après ce créneau. Le timeboxing est aussi une manière pragmatique de faire un petit pas dans une direction positive quand ils se sentent vidés.

AUGMENTEZ VOTRE POUVOIR D'ACTION

Le pouvoir d'action est un sentiment de contrôle de vos actions et de leurs conséquences. De nombreux courants de pensée, anciens et modernes, nous invitent à nous focaliser sur les choses que nous pouvons contrôler plutôt que d'essayer d'exercer une influence sur le reste et d'en sortir déçus. Le timeboxing est une approche pragmatique pour mettre en œuvre cette philosophie.

Le pouvoir d'action est difficile à quantifier et à calibrer – mais ça n'est pas impossible. Une étude portant sur 3 600 personnes provenant de 33 pays européens a conclu que « les choix et opportunités améliorant les conditions sociétales et l'autonomie perçue d'un individu sont positivement associés à la satisfaction à l'égard de la vie[6] ». C'est logique. Notre espèce, ayant évolué selon le principe de la loi du plus fort, est programmée à vouloir contrôler son environnement, pour survivre et s'épanouir. Il y a aussi une

5. www.theguardian.com/on-my-terms/2022/sep/01/its-past-your-worry-time-four-ways-to-stop-overthinking-and-enjoy-yourself.
6. Leonie C. Steckermeier, « The Value of Autonomy for the Good Life. An Empirical Investigation of Autonomy and Life Satisfaction in Europe », Soc Indic Res, 2021, https://link.springer.com/article/10.1007/s11205-020-02565-8.

logique intuitive : quand je me sens en contrôle, je me sens plus heureux ; quand je n'ai pas le contrôle, je le suis moins. Comme l'a dit Jeff Bezos : « Le stress vient principalement du fait de ne pas agir sur quelque chose sur lequel vous pouvez avoir un certain contrôle[7]. » L'amélioration de ce pouvoir d'action renforce notre sentiment de bien-être, et nous avons le devoir d'y aspirer.

Le timeboxing vous extrait de l'emploi du temps des autres et vous ramène au vôtre. Votre boîte de réception déborde de demandes et d'informations que d'autres personnes vous imposent. Les réunions auxquelles vous êtes convoqué ont pour but de discuter des idées, aspirations et projets des autres. Les dizaines de notifications que vous recevez chaque jour sont des intrusions d'agents externes (humains ou non). Rien de tout cela ne fait partie de *votre* agenda. Certaines de ces interventions peuvent coïncider avec le vôtre. Mais elles n'ont pas été conçues pour. Personne d'autre que vous ne peut décider de la voie à suivre, et le timeboxing est le meilleur moyen d'y parvenir. Souhaitez-vous vraiment qu'on se souvienne de vous comme quelqu'un qui a passé sa vie à la disposition des autres ? Si vous décidez de faire ce qui compte pour vous au moment de votre choix, vous travaillerez pour vous-même, en vous réappropriant votre propre pouvoir d'action.

Le timeboxing vous fournit aussi le *bon* pouvoir d'action. Vous choisissez quoi faire. Et vous faites ces choix quand vous êtes disposé à les faire. Le sentiment de contrôle n'en est que plus fort quand les décisions sont prises dans le bon état d'esprit, à tête reposée, avant d'être sans cesse dérangé au cours de la journée.

LIBÉREZ-VOUS

Le timeboxing peut être libérateur. L'atténuation du stress et le renforcement du pouvoir d'action ont beau être on ne peut plus importants, ces deux effets, même pris ensemble, ne constituent qu'une fraction des bienfaits de cette méthode. Le timeboxing

---

7. www.instagram.com/reel/Cnitexrhs7K/?igshid=YmMyMTA2M2Y%3D.

peut être transformateur. En disant oui à une chose, et donc en disant non à un millier d'autres, vous vous délestez énormément. Le constater et l'apprécier est un sentiment tout à fait épanouissant et libérateur.

On peut même voir et pratiquer le timeboxing comme un guide de vie. Comme une voix rassurante (la vôtre) à laquelle vous pouvez vous fier (la réflexion a eu lieu quand vous aviez l'esprit clair) et qui vous rappelle ce que vous devez faire à tout moment de la journée. Bien sûr, il vous arrivera de vous détacher et de vous éloigner de cette voix. Mais vous savez où la retrouver (en un seul clic), et vous pouvez y retourner à n'importe quel moment du jour ou de la nuit, dès que vous en avez besoin. Cette voix est une sorte de force supérieure qui peut vous accompagner tout au long de votre vie si vous décidez de l'écouter.

RÉCAPITULATIF

- Le timeboxing soutient la santé mentale autant qu'il stimule la productivité personnelle.
- Avec le timeboxing, vous pouvez choisir ce que vous voulez faire, et non être à la disposition des autres.
- Dire oui à une chose à la fois et non à tout le reste à ce moment précis peut être une expérience immensément libératrice.

RÉFLEXION

- Qu'est-ce qui est le plus important pour vous : vous sentir mieux ou être plus performant ?
- Quand ressentez-vous le plus de stress ? Notez quelques caractéristiques de ces situations. Se produisent-elles souvent quand vous êtes confronté à plusieurs choses à la fois ?

5

POUR UNE RÉFLEXION PLUS INTELLIGENTE

> *Ce cerveau qui est le mien est plus que simplement mortel, comme le temps le montrera.*
>
> Ada Lovelace

Mots-clés	*Flow*, compétences, clarté, préparation, planification, épiphanie, idées, capacité mentale, *deep work*, se souvenir
Nombre de mots	1 966
Temps de lecture	8 minutes

Pour le meilleur ou pour le pire, les humains dominent la planète Terre grâce à leur matière grise. Notre espèce est appelée (par nous, il faut le reconnaître) *Homo sapiens* (qui signifie « sage » ou « intelligent »). À notre époque, un milliard d'entre nous gagnent leur vie en tant que travailleurs du savoir et décideurs. Ces dernières années, le genre littéraire du *smart thinking* (des livres qui visent à aider les lecteurs à améliorer leurs processus de réflexion et à prendre de meilleures décisions, plus éclairées, dans leur vie privée et professionnelle) s'est imposé dans les librairies du monde entier. Nous devrions prendre la réflexion au sérieux et tirer le meilleur parti de notre plus grand don – probablement la plus grande prouesse de l'évolution.

Ce chapitre examine comment le timeboxing peut nous aider à réfléchir, à vivre et à travailler plus intelligemment – et non plus dur. L'idée est de viser des résultats de qualité plutôt que des contributions en quantité. Au chapitre 7 (« Pour la productivité »), nous verrons comment cette méthode peut aussi nous aider à obtenir *plus*.

La réflexion fait partie de ces activités humaines qui, bien qu'immédiatement accessibles à tous, sont difficiles à définir. Des livres et des vies entières se consacrent à ce sujet. Je me contenterai donc ici de faire une distinction puis de proposer de la supprimer.

D'un côté, il y a l'*activité cognitivement exigeante*, et de l'autre, la *réflexion*. Le travail cognitivement exigeant – le codage, l'écriture, la conception, la révision, la correction – est assez spécifique et a tendance à produire un résultat explicite et délibéré. La réflexion, en revanche, est plus diffuse et générale, et se compose d'activités variées, incluant, mais sans s'y limiter, le raisonnement critique, le *design thinking*, la résolution de problème, la pensée analytique, la réflexion stratégique et la prise de décision. À la fin de ce chapitre et de ce livre, je partirai du principe que les deux types d'activité cérébrale sont importants et souhaitables, et j'avancerai que le timeboxing favorise les deux.

PLANTER LES GRAINES

La récolte ne se fera pas toute seule. Il ne faut pas s'attendre à ce que l'élan créatif, l'imagination et l'inspiration nécessaires à une tâche nous viennent au moment exact et limité dont nous disposons – notre boîte de temps. En particulier pour les tâches créatives et difficiles, nous devons mettre toutes les chances de notre côté en faisant travailler notre inconscient et notre conscience bien avant de nous retrousser les manches et de nous y mettre. Nous pouvons, et c'est conseillé, préparer notre esprit en rassemblant les informations, les faits, les pensées, les souvenirs et les notes sur le sujet, les étudier puis laisser l'inconscient en faire ce qu'il veut.

Imaginons que vous devez écrire un *business plan* jeudi matin. Prévoyez une boîte de temps pour examiner les informations à votre disposition (un brouillon, vos notes, les instructions de votre patron, une recherche documentaire, le modèle de *business plan* de votre entreprise, l'incroyable *business plan* rédigé par un collègue et qui lui a valu des louanges le mois dernier, un essai de rédaction par l'IA générative) pendant une demi-heure le mardi après-midi. Puis donnez à votre esprit ces 36 heures restantes et deux nuits de sommeil pour le laisser traiter les informations. Le jeudi matin, vous écrirez un bien meilleur plan, et bien plus vite.

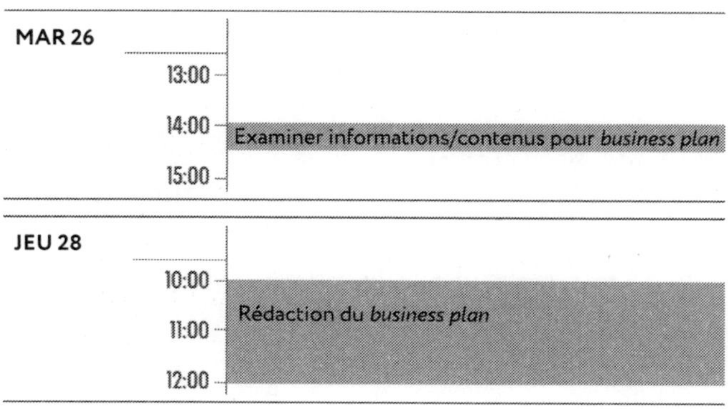

Le timeboxing peut aussi nous rendre plus intelligents en réunion. Les réunions représentent environ un cinquième[1] de notre temps. Qu'on les aime ou non, elles ne sont pas près de disparaître – mieux vaut apprendre à mieux les aborder correctement. Si vous plantez des graines dans votre esprit et que vous vous organisez systématiquement pour toutes vos réunions – par exemple, en créant une boîte de temps « Préparation réunion » chaque matin (d'une durée de 15 à 30 minutes pour l'ensemble des réunions qui vous attendent ce jour-là ; bien entendu, certaines réunions d'importance nécessiteront plus de temps de préparation) –, vous serez toujours préparé, vous renverrez cette image et vous excellerez en réunion. Vous deviendrez un collègue plus utile et en récolterez les fruits en matière d'idées, de contribution et de réputation.

C'est en plantant des graines dans mon esprit que j'accomplis des choses difficiles depuis dix ans – comme l'écriture de ce livre. Je ne m'assois jamais à mon bureau pour écrire à froid ; tout simplement parce que je ne pense pas que les mots et idées tomberont du ciel à ce moment-là. À la place, je crée plusieurs boîtes de temps dédiées à des sessions courtes, pendant lesquelles je rassemble mes pensées et mes recherches, j'examine l'ensemble sans pression, je donne à mon inconscient une journée et une nuit pour traiter ces informations, et ce n'est qu'ensuite que je me lance dans la rédaction.

L'ART DE LA PLANIFICATION

Le timeboxing se compose de deux activités : la planification (partie II) et l'action (partie III). La planification est le processus consistant à sélectionner les tâches, estimer leur volume et décider quand les faire. L'action est le processus consistant à mettre en œuvre cette intention dans les limites de la boîte de temps.

1. Ray A. Smith, « Workers Now Spend Two Full Days a Week on Email and in Meetings », *The Wall Street Journal*, 2023, https://www.wsj.com/articles/workers-say-its-harder-to-get-things-done-now-heres-why-2a5f1389.

La planification est une tâche cognitivement exigeante et un travail de réflexion. C'est une prise de décision importante. Si elle est mal faite, nous risquons de consacrer du temps à des activités de moindre valeur – autrement dit, de perdre notre temps. Les 15 minutes que nous passons à créer nos boîtes de temps chaque matin ont un effet considérable sur les 15 heures suivantes que nous consacrons à l'exécution. Ce sont donc 15 minutes de planification qui garantissent la productivité de 15 heures de vie (soit un facteur de 60). C'est une activité cruciale qui nécessite du calme pour être correctement réalisée. Comme la vengeance, la productivité est un plat qui se mange froid.

Les avantages de la planification sont comparables à ceux des règles. Comme nous l'avons vu dans le chapitre 1, quand nous fixons des règles, nous prenons des décisions importantes au préalable qui, lorsqu'elles sont prises au calme et par les bonnes personnes, sont plus susceptibles de conduire à de bonnes règles. Et puisque nous avons déjà décidé de ces règles, il n'est pas nécessaire d'y réfléchir à nouveau par la suite. Le principe est le même avec la planification d'une boîte de temps. Une fois que vous avez décidé de vos boîtes de temps dans les bonnes conditions, vous devriez avoir l'assurance que les tâches que vous avez prévues pour cette journée sont en effet les bonnes. Vous éliminez ainsi les doutes et vous n'avez plus besoin de vous demander si vous devriez travailler sur autre chose – vous avez déjà décidé. Toute délibération supplémentaire est superflue et inutile. Et si le doute persiste, vous savez quoi faire : retourner à votre agenda et respecter cette décision. Cette approche vous facilite grandement la vie. La lecture de ce chapitre vous a peut-être fait penser à la méditation et à la pleine conscience. Si c'est le cas, le chapitre 20 devrait vous plaire.

UN BOOSTER DE COMPÉTENCES

Le timeboxing peut porter vos compétences à de nouveaux sommets. Il peut servir à créer les conditions nécessaires pour tirer le meilleur de votre cerveau. Cela implique de planter les graines et de planifier, tel qu'expliqué précédemment, mais aussi de préparer votre environnement physique (voir chapitre 9 « Les bases »).

Si toutes ces étapes sont correctement réalisées, les distractions sont supprimées et la concentration est décuplée. En nous permettant de nous concentrer sur une seule activité à la fois, le timeboxing atténue également le *stress*, dont l'effet néfaste sur la performance a été prouvé. Le neuroscientifique Daniel Levitin nous rappelle que le multitâches est stressant, comme l'indique l'augmentation de la sécrétion de cortisol et d'adrénaline, et cite[2] des travaux qui révèlent que les distractions nous coûtent environ 10 points de quotient intellectuel.

Mieux encore, le timeboxing peut, dans certains cas, nous aider à produire un travail d'une qualité remarquable. Atteindre un état de *flow* (concept introduit par le psychologue hongrois Csíkszentmihályi) ou de *deep work* (concept de travail en profondeur développé par Cal Newport) exige des conditions quasi identiques, toutes remplies par le timeboxing :

- concentration sans faille ;
- objectif clair ;
- expérience immersive avec distorsion de la perception du temps ;
- équilibre challenge-compétence : la tâche ne doit être ni trop facile ni trop dure.

Le timeboxing peut nous propulser à des niveaux de créativité et de génie difficiles à atteindre sans son aide.

---

2. Daniel J Levitin, « Why the Modern World is Bad For Your Brain », *Guardian*, 2015, www.theguardian.com/science/2015/jan/18/modern-world-bad-for-brain-daniel-j-levitin-organized-mind-information-overload.

RÉCUPÉRER DES INFORMATIONS, COLLECTER DES IDÉES

Nous jouissons aujourd'hui de puissantes technologies. Internet met à notre disposition une quantité quasi infinie d'informations. Les smartphones rendent tout disponible en un clic, à tout moment. Prises ensemble, ces deux technologies nous connectent à des milliards d'autres personnes (la majorité de la population mondiale possède un smartphone). Depuis peu, les *large language models* (LLM), ou grands modèles de langage, nous permettent de générer du texte pour nous concentrer sur des tâches plus humaines. Tous ces outils servent à amplifier et augmenter l'intelligence et la créativité humaines.

Mais ces vastes systèmes omettent pour la plupart une source d'informations spécifique et particulièrement pertinente : nos historiques personnels. Comme nous l'avons vu dans le chapitre 3 (« Pour la mémoire »), l'archive consultable qu'est le timeboxing nous fournit un historique d'activités mais aussi une référence pour nous rafraîchir la mémoire. Cet outil peut nous *donner l'air* plus intelligent que ceux qui sont moins systématiques, mais aussi nous aider à *réfléchir* plus intelligemment (meilleurs souvenirs, connexions plus larges, potentiel décuplé). Pour comprendre l'impact de cette source d'informations, remontez dans votre historique de recherche sur Google. Je suis certain que ce que vous y trouverez sera étonnant, édifiant, intrigant, inspirant ou frappant.

•••

Maîtriser le timeboxing signifie mieux réfléchir. Et réfléchir définit en grande partie l'humain. Que demander de plus ? Eh bien, peut-être de réfléchir plus intelligemment en collaboration avec d'autres cerveaux.

RÉCAPITULATIF

- Le timeboxing peut nous aider, tant dans le travail cognitivement exigeant que dans la réflexion plus diffuse.
- Utilisez cette méthode pour planter des graines dans votre esprit avant de devoir plancher sur un travail, afin d'activer votre inconscient.
- La planification des boîtes de temps est un processus décisionnel important, avec des conséquences majeures sur la productivité de la journée.
- Quand vous mettez en action votre planification, vous avez l'occasion d'atteindre des niveaux de lucidité et de concentration exceptionnels.
- Si vous réalisez votre timeboxing avec soin, vous disposerez d'un historique consultable pour vous rafraîchir la mémoire ou retrouver des informations précises. Réfléchissez plus intelligemment en vous souvenant mieux.

RÉFLEXION

- Quand étiez-vous dans un état de *flow* pour la dernière fois ? Comment l'avez-vous atteint ?
- À quand remonte votre dernier éclair de génie ? Vous souvenez-vous des circonstances ou conditions qui y ont contribué ?
- Jetez un coup d'œil à votre historique de recherche en ligne (pour la plupart des gens, sur Google) remontant à quelques mois ou quelques années. Qu'y découvrez-vous ? Que ressentez-vous ? Y trouvez-vous quelque chose d'utile ?

6

POUR LA COLLABORATION

> « *Un pour tous, tous pour un.* »
>
> Alexandre Dumas

Mots-clés	Harmonie, efficacité, transparence, confiance, coordination, relations, travail d'équipe
Nombre de mots	1 574
Temps de lecture	6 minutes

Le timeboxing ne se limite pas à la productivité personnelle. Pour beaucoup d'entre nous, la collaboration en équipe (au sein de l'organisation et en dehors, avec vos clients et fournisseurs, votre famille et vos amis) fait partie intégrante de notre vie privée et professionnelle. Le timeboxing est également adapté à ces dynamiques.

Je crois profondément au concept d'harmonie productive, selon lequel interagir de la bonne manière avec les autres – c'est-à-dire de manière directe, proactive, diplomatique et positive – a un effet bénéfique, tant sur le moteur que sur le cœur du travail et de la vie privée. Être direct et proactif engendre une communication bien plus efficace. Et les gens sont bien plus réceptifs quand l'interaction est diplomatique et positive. Avec cette approche, nous évitons les conflits démoralisants, stressants et néfastes pour la productivité qui affectent un bien trop grand nombre de relations humaines. Le timeboxing peut également être utile de ce côté-là.

Le temps et sa synchronicité nous permettent de nous épanouir en tant que créatures sociales. Nous partageons des moments de joie ensemble, lors d'événements divers comme les événements sportifs, les spectacles, les concerts, les mariages et même les réunions, et d'autres millions d'occasions inventées par l'humain, généralement délimitées par un début et une fin. Le timeboxing favorise ces moments partagés, petits et grands, et contribue ainsi à notre épanouissement personnel.

L'AGENDA NUMÉRIQUE PARTAGÉ

Les agendas partagés sont aujourd'hui largement répandus. Apple, Google et Microsoft, en particulier, ont compris qu'ils devaient faire communiquer leurs logiciels d'agenda entre eux. Il est désormais très simple de partager un agenda avec les personnes de votre choix, quelles que soient leurs technologies ou les vôtres. Elles sont visuelles, intuitives et accessibles.

La plupart d'entre nous – 70 % des adultes d'après une étude[1] de 2018 – utilisent un agenda numérique. Ce pourcentage a certainement augmenté depuis.

Attention, tous les avantages décrits dans ce chapitre ne concernent que ceux qui utilisent un agenda *numérique et partagé*. Les outils papier (agenda, carnet, et même les planificateurs dédiés au timeboxing) reposent uniquement sur votre bureau. Si vous travaillez en vase clos, pas de problème. Mais si vous voulez ou devez collaborer, passez au numérique. Quand on aime, on partage.

COMME SUR DES ROULETTES

Utilisés à bon escient, les agendas partagés décuplent l'efficacité du timeboxing.

L'organisation des tâches entre elles devient bien plus simple. Par exemple, si votre enfant participe à des activités extrascolaires et que celles-ci sont notées dans un agenda familial partagé, tous ceux qui y ont accès pourront facilement coordonner les trajets pour le déposer et aller le chercher, et pour gérer tout autre aspect logistique. Les informations ajoutées à l'agenda aident tout le monde à participer de manière efficace et à noter cette participation dans l'agenda. Le résultat sert les intérêts partagés de la famille et permet le maintien de relations harmonieuses entre ses membres. Il existe bien entendu des programmes spécifiques (logiciels de gestion des tâches) qui se chargent de tout cela de manière explicite et automatique. Mais la plupart d'entre nous n'utilisent pas ces logiciels, et aucun d'entre nous n'utilise le même logiciel pour tous les différents groupes (services, amis, famille) avec lesquels il doit collaborer.

Le timeboxing vous apporte l'assurance que le travail sera fait. Imaginons que vous demandez à quelqu'un de faire quelque

1. https://ecal.com/70-percent-of-adults-rely-on-digital-calendar.

chose pour vous, par exemple, de regarder des notes que vous avez prises. Si la réponse reçue est un simple « Pas de problème », vous vous sentirez peut-être légèrement rassuré. Mais si la réponse est « Bien sûr – boîte de temps ajoutée pour vendredi à 10 h », et que vous la voyez apparaître sur l'agenda, vous serez totalement rassuré et vous apprécierez d'autant plus ce collègue pour son professionnalisme et sa fiabilité. Imaginez comme les relations interpersonnelles seraient simplifiées si le timeboxing entrait dans les mœurs !

Des personnes de confiance peuvent même ajouter des boîtes de temps dans votre agenda, avec votre permission. C'est ce qui se passe avec les réunions, et les tâches générales en sont un prolongement évident et naturel. Pour que tout ceci fonctionne comme sur des roulettes, vous devez inclure toutes les informations et instructions nécessaires dans l'agenda. Nous y reviendrons dans le chapitre 11.

J'ai un dernier avantage à citer, même si j'ai conscience qu'il ne plaira pas à certains lecteurs. L'effet Hawthorne est le phénomène selon lequel les gens travaillent plus et plus efficacement quand ils se savent observés. L'agenda partagé est une manière moderne d'être potentiellement surveillé (numériquement) par plusieurs personnes à la fois. Les gens peuvent voir ce que vous avez fait, ce que vous faites, ce que vous prévoyez de faire et quand. Votre agenda devient ainsi une sorte d'outil d'engagement. Ce qui peut aussi être un fardeau. Mais pour beaucoup, l'existence même d'un tel engagement public peut aider à surmonter la procrastination et récolter les fruits d'une conscience tranquille !

INSTAURER UN CLIMAT DE CONFIANCE

Les agendas partagés ne seront pas possibles dans toutes les situations. Une culture basée sur la confiance et une compréhension de la confidentialité et de ses paramètres sont essentielles. Et s'il s'agit du contexte de votre entreprise, vous aurez aussi besoin d'un service informatique coopératif.

La « transparence » est un mot tendance utilisé à tout-va, et la transparence totale n'est peut-être pas l'objectif ici. Avant de partager votre agenda, réfléchissez bien au contenu que vous souhaitez partager et aux personnes auxquelles vous y donnerez accès. La plupart des agendas numériques proposent un large éventail de paramètres de confidentialité : zéro transparence, transparence partielle (vos entrées dans l'agenda servent peut-être uniquement à signaler que vous êtes occupé) ou transparence totale. Vous pouvez aussi choisir les paramètres pour différents individus ou différentes équipes. N'oubliez pas que les utilisateurs dotés de droits d'administration (managers, administrateurs, super-administrateurs) verront peut-être plus de choses que vous ne le souhaitez. Pour en avoir le cœur net, mieux vaut vérifier les autorisations en face-à-face ; demandez à un collègue de confiance ce qu'il peut voir dans votre agenda et assurez-vous que cela vous convient.

À vous de trouver le juste équilibre entre paramètres de confidentialité et gestion de l'agenda. Si vous comptez inclure quantité de détails et notes dans vos entrées, il peut être judicieux de configurer un certain niveau de confidentialité. Si, en revanche, vous êtes moins expansif, vous pouvez être plus souple dans vos paramètres. J'espère que vous ne ressentirez pas le besoin de les configurer à l'excès.

APPROFONDIR LES RELATIONS

Dans le meilleur des cas, les agendas partagés peuvent aussi renforcer et approfondir les relations. Cela ne marchera pas pour tout le monde ni dans tous les contextes, mais si vous êtes assez à l'aise pour partager à l'occasion une information personnelle dans vos boîtes de temps (un livre, un cours de natation, un cours d'art, une séance de cinéma), vous vous rapprocherez peut-être de vos collègues de manière informelle, naturelle et spontanée. Ces informations non essentielles peuvent servir à briser la glace lors d'une première interaction ou alimenter une conversation. Nous partageons tant de choses sur les réseaux sociaux – généralement sans nous poser de questions, et parfois même de manière imprudente –, alors pourquoi ne pas partager un détail de notre vie par écrit, avec un petit groupe probablement plus fiable, *via* un agenda partagé ?

•••

Avec un agenda numérique et un certain climat de confiance, les avantages du timeboxing en matière de collaboration peuvent être énormes. Les agendas partagés sont faciles à mettre en place – la confiance, beaucoup moins. Mais la plupart des gens font suffisamment confiance aux personnes qui les entourent pour tirer le meilleur parti du timeboxing.

RÉCAPITULATIF

- Le timeboxing renforce la collaboration et la productivité personnelle.
- L'agenda numérique partagé est le meilleur outil pour exploiter tout le potentiel du timeboxing.
- Le timeboxing facilite l'organisation stratégique des tâches entre elles et garantit aux collègues que le travail sera fait.
- Trouvez le juste équilibre entre confidentialité et utilité en paramétrant votre agenda partagé.
- Inclure des boîtes de temps personnelles dans votre agenda peut vous aider à briser la glace et nouer des liens.

RÉFLEXION

- À combien de collègues faites-vous suffisamment confiance pour les laisser voir ce que vous faites et quand ? Qui sont-ils ?
- Demandez-vous à qui vous ne faites pas confiance et pourquoi.
- En dehors du travail, qui pourrait gagner à mieux connaître votre emploi du temps ? Pensez à votre famille, proche et éloignée, vos amis, vos groupes associatifs, vos voisins.
- Si vous répondez souvent « Pas de problème », envisagez de remplacer de temps à autre cette réponse par « Boîte de temps créée pour [heure] ».
- Nous employons beaucoup de mots et expressions vagues pour exprimer la durée : bientôt, très vite, dès que possible, dans un moment, incessamment sous peu. Lesquels utilisez-vous ? Un langage plus précis pourrait-il être plus judicieux dans certaines situations ?

7

POUR LA PRODUCTIVITÉ

> *Les cadres efficaces ont tous des personnalités, forces, faiblesses, valeurs et croyances différentes. Leur point commun : ils font ce qu'il faut.*
>
> Peter Drucker

Mots-clés	Productivité, priorisation, les quelques essentiels, 80-20, quantifier, multitâches, distractions, interruptions, réseaux sociaux
Nombre de mots	2 022
Temps de lecture	8 minutes

Parler de productivité n'est aujourd'hui plus à la mode. L'idée a désormais une connotation négative – on l'associe à la microgestion, aux listes de tâches interminables et vouées à l'échec, et au mépris de l'équilibre vie privée/vie professionnelle et de la santé mentale. Mais je n'ai aucun scrupule à dire que le désir d'accomplir plus est toujours pertinent, important et respectable, aussi bien au travail que chez soi. Et le timeboxing nous aide à y parvenir.

FAIRE LES BONS CHOIX

Comme le dit Peter Drucker[1], nous abattons plus de travail en nous concentrant sur les bonnes choses. Et nous nous concentrons sur les bonnes choses quand nous décidons quoi faire dans le bon état d'esprit – quand nous ne sommes pas fatigués, distraits ou stressés. Nous sommes alors en mesure d'entreprendre plus de choses dans notre vie. Si, au contraire, nous agissons un peu par hasard et sans but précis, nous ferons bien moins de choses qui comptent.

Le timeboxing nous aide à mener à bien toutes sortes de tâches. Les tâches urgentes avec date butoir imminente sont identifiées et priorisées facilement. Les activités non urgentes, comme l'apprentissage, sont également traitées et associées à des boîtes de temps spécifiques, à des créneaux appropriés, au lieu d'être sans cesse remises à plus tard. Les tâches difficiles, souvent évitées, de manière consciente ou non, sont au contraire prises à bras-le-corps, au moment où nous sommes disposés à les réaliser. Les tâches simples – qui peuvent sembler trop banales pour mériter une planification – peuvent être regroupées dans une seule boîte de temps d'une durée raisonnable. Les tâches inutiles et contre-productives sont perçues pour ce qu'elles sont : indignes d'une place dans notre agenda, et nous sommes en mesure de les écarter.

---

1. Peter F. Drucker, « What Makes an Effective Executive », *Harvard Business Review*, 2004, https://hbr.org/2004/06/what-makes-an-effective-executive.

Essayons de quantifier ces avantages. Partons du principe que la valeur d'une tâche est estimée sur une échelle de 1 à 10. Et imaginons que quand vous exécutez les tâches comme elles viennent, la valeur moyenne est de 6, et que quand vous décidez à l'avance des tâches à réaliser, la valeur moyenne est de 8. Cette augmentation peut être bien plus importante si l'on suppose que la règle des 80-20 s'applique au travail du savoir. Un petit nombre de tâches essentielles pourrait bien produire la majorité des bienfaits en matière de productivité.

LA PRÉTENDUE LOI DE PARKINSON

Il est possible de faire plus en prenant à contre-pied un vieil adage. La loi de Parkinson[2] est un principe largement accepté selon lequel « le travail s'étale de manière à occuper tout le temps disponible à sa réalisation ». Si vous avez 30 minutes pour ranger votre chambre, la tâche vous prendra tout ce temps ; et si vous avez 60 minutes, elle vous prendra 60 minutes. La perte de temps décrite par la loi de Parkinson est associée et due à la procrastination. Le timeboxing renverse cet adage : le travail se contracte pour remplir le temps alloué à sa réalisation. Ainsi, si vous réduisez le temps disponible dans une boîte de temps, vous réaliserez la même quantité de travail. C'est une bonne affaire, non ?

Plusieurs études scientifiques étayent cette idée. Dans l'une d'entre elles[3], des étudiants ont été invités à juger quatre séries de photos. Juste avant le début de l'expérience, l'un des groupes a été informé que la quatrième série avait été annulée. Pourtant, les

---

2. Cal Newport interpelle sur les mauvaises interprétations de l'article de Parkinson de 1955, mais je me concentrerai sur la célèbre citation qui fascine depuis 70 ans, www.calnewport.com/blog/2008/06/11/debunking-parkinsons-law.

3. Laura A. Brannon, *et al.*, « Timeless Demonstrations of Parkinson's First Law », *Psychonomic Bulletin & Review*, 1999, https://www.researchgate.net/publication/11189704_Timeless_demonstrations_of_Parkinson's_first_law.

étudiants ont mis autant de temps à terminer le travail que leurs pairs qui ont évalué quatre séries ; l'évaluation des trois séries de photos s'est étalée jusqu'à remplir le temps alloué pour sa réalisation. « Dès que du travail prévu sur la prochaine tâche est annulé, ou plus généralement, dès que du temps supplémentaire apparaît, l'engagement des travailleurs sur leur tâche en cours pourrait équivaloir à une inefficacité conséquente et coûteuse. » Cet effet a été observé à plusieurs reprises. Dans une autre étude[4], les participants se voyaient aléatoirement accorder 5 ou 15 minutes pour réaliser une tâche identique. Ceux qui disposaient de 15 minutes ont pris considérablement plus de temps pour la finir. Une troisième étude[5] a conclu que plus d'un tiers des écarts entre les notes des examens finaux pouvait être attribué à la procrastination.

Cette prétendue « loi » a bien entendu des limites. Rien ne vous empêche de vous donner un créneau strict d'une heure pour rédiger un projet de dix mille mots, mais vous n'y parviendrez pas. Le timeboxing n'est pas une formule magique. Les études susmentionnées avancent un gain de temps de 25 % à 50 %. D'autres études estiment que la qualité baisse à mesure que le temps imparti diminue. Une étude plus récente[6] (2014) le confirme : « Les étudiants qui travaillent contre la montre obtiennent une note moyenne inférieure d'environ trois points à celle obtenue par les étudiants qui travaillent sans limites de temps. »

Tout ceci semble plausible : à la fois le fait que nous réduisions l'intensité de nos efforts quand la date butoir est lointaine et le fait que nous ne le fassions que dans une certaine mesure. Cela

---

4. Elliot Aronson, *et al.*, « Further Steps Beyond Parkinson's Law », Journal of Experimental Social Psychology, 1967, https://www.sciencedirect.com/science/article/abs/pii/0022103167900297.
5. Dianna M. Tice, *et al.*, « Longitudinal Study of Procrastination, Performance, Stress, and Health », *Psychological Science*, 1997, https://psycnet.apa.org/record/1997-43695-008.
6. Maria De Paola, Francesca Gioia, « Who Performs Better Under Time Pressure? », IZA, 2014, https://docs.iza.org/dp8708.pdf.

étant, si nous parvenons à augmenter d'un tiers notre production dans les temps impartis en ayant conscience de cette tendance, c'est toujours bon à prendre.

TOUT FAIRE À TEMPS

Le timeboxing décompose de vastes tâches en petites tâches gérables de durée prévisible. Cette méthode vous permet de visualiser tous les éléments d'un gros projet (déménagement, lancement d'un nouveau produit, organisation d'une fête d'anniversaire). Vous pouvez ainsi voir si celui-ci peut bel et bien être réalisé à temps (ou si vous devez vous réorganiser). C'est aussi un moyen de vous assurer que toutes les tâches qui le composent sont exécutées dans les temps.

MULTITASKING

Nous avons cité quelques-uns des effets émotionnels négatifs du *multitasking*, ou multitâches, dans le chapitre 4. Voyons à présent son effet négatif et quantifiable sur la productivité.

De nos jours, le multitâches consiste pour beaucoup à essayer de gérer des notifications (sous diverses formes) tout en réalisant une autre tâche. Personne ne tente de rédiger un rapport tout en discutant avec quelqu'un, ni d'examiner ses dépenses en faisant une présentation. Les logiciels (Microsoft Teams, Slack, les e-mails, etc.) et les appareils (ordinateurs portables, tablettes, smartphones, montres intelligentes, etc.) se combinent pour nous envoyer des dizaines de notifications par jour, qui ne sont pas coordonnées à nos autres tâches et travaux. La tentation de les ouvrir, par exemple pour savoir qui a envoyé quoi, est réelle, permanente et profondément ancrée en nous.

Pourtant, nous abattons généralement plus de travail en nous concentrant sur une seule tâche à la fois. Le multitâches et le changement de contexte sont réellement moins productifs : un article a montré qu'ils pouvaient coûter aux entreprises jusqu'à 40 % du temps productif[7]. Le *multitasking* peut même être dangereux dans certains contextes, par exemple envoyer un SMS en conduisant – chaque année, la conduite inattentive entraîne plus de trois mille décès[8] aux États-Unis. Et certaines tâches qui exigent un effort cognitif important (aider un enfant à comprendre une leçon d'algèbre ou examiner un texte juridique) et qui sont difficiles à reprendre après une interruption sont particulièrement touchées. Il existe bien sûr quelques rares combinaisons de tâches qui se prêtent volontiers au *multitasking*, et nous en aborderons certaines dans le chapitre 18. Mais pour la grande majorité des activités, le timeboxing élimine toute tentation de multitâches et vante les mérites de faire une seule chose à la fois.

LES PETITS MOMENTS DE TEMPS LIBRE

Nous avons tous de petits moments de temps libre au cours de la journée : en attendant le bus, en rentrant du travail, en attendant qu'un ami nous rejoigne pour prendre un café, quand une réunion est annulée ou se termine plus tôt que prévu. La plupart d'entre nous en profitent pour les passer devant un écran. Nous attrapons notre smartphone à la moindre occasion – c'est un réflexe que nous avons récemment développé. Nous passons désormais plus de deux heures par jour[9] à consommer du contenu

7. American Psychological Association, « Multitasking: Switching Costs », 2006, https://www.apa.org/topics/research/multitasking.

8. https://www.nhtsa.gov/risky-driving/distracted-driving.

9. Katharina Buchholz, « Which Countries Spend the Most Time on Social Media? » World Economic Forum, 2022, https://www.weforum.org/agenda/2022/04/social-media-internet-connectivity.

ultra-court sur les réseaux sociaux. Nous faisons continuellement défiler les images et vidéos sur notre écran ; plus qu'une distraction, c'est une addiction[10]. Nos moments libres sont dévorés, au profit des GAFAM plutôt que du nôtre. Ces minutes perdues se transforment en heures, et bien plus. Imaginez ce qu'on pourrait accomplir en consacrant une partie de ce temps à des activités plus utiles. Le timeboxing et l'utilisation délibérée de ces petits moments pourraient vous offrir une heure de temps productif supplémentaire par jour.

UN PUITS SANS FOND

Le travail de la connaissance est infini. Certains spécialistes de la productivité conseillent d'accepter ce fait. L'exemple souvent cité est celui des e-mails : vous recevez de nombreux e-mails, vous y répondez, vous en recevez certainement d'autres en retour, et cet échange est… interminable.

Ça n'est pas tout à fait exact. S'il est presque impossible de traiter tous vos e-mails jusqu'au dernier (dans ce sens, certes, la tâche est interminable), les informations échangées dans ces e-mails sont souvent très utiles. Même si votre boîte de réception grossit après avoir envoyé votre message, votre projet s'est peut-être entretemps rapproché de sa finalisation, un accord est peut-être conclu, votre collègue se sent maintenant plus inclus – tout cela grâce à cette avalanche d'e-mails. Bien sûr, vous devez aussi contrôler votre boîte de réception et ne pas la laisser vous submerger sur le plan émotionnel ni vous détourner de vos autres responsabilités. Il existe des moyens de vous en assurer, que nous aborderons au chapitre 11 (« Création des boîtes de temps »).

Si l'on tient compte de tous les facteurs aggravants en jeu – travailler sur les bonnes choses, tirer le plus possible de chaque boîte de temps, remplacer le multitâches par le monotâche et tirer

---

10. https://markmanson.net/are-you-not-entertained.

quelque chose d'utile d'activités en apparence interminables –, la hausse de la productivité est énorme. Le chiffrer peut paraître naïf, mais j'ai le sentiment que le timeboxing, correctement mis en œuvre, pourrait au moins doubler la productivité, comme je l'indiquais dans mon article[11] de 2018.

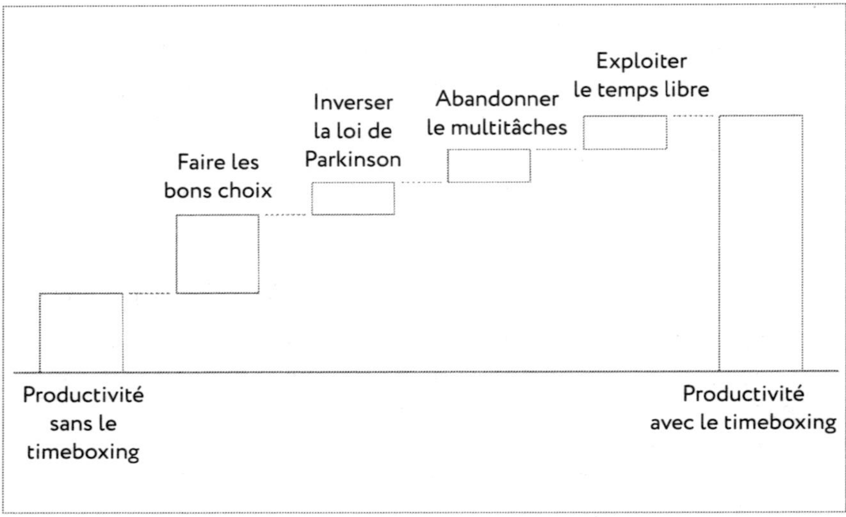

•••

Grâce aux avantages décrits dans les trois derniers chapitres – trouver la sérénité, réfléchir plus intelligemment, collaborer plus harmonieusement – vous devriez commencer à voir le timeboxing comme le superpouvoir qu'il est.

Mais il y a plus…

11. Marc Zao-Sanders, « How Timeboxing Works and Why It Will Make You More Productive », *Harvard Business Review*, 2018, https://hbr.org/2018/12/how-timeboxing-works-and-why-it-will-make-you-more-productive.

RÉCAPITULATIF

- Tirer plus de notre temps est un objectif qui en vaut la peine.
- Le timeboxing augmente la productivité principalement en nous poussant à nous concentrer sur les bonnes activités.
- La loi de Parkinson est fondée sur des études scientifiques ; l'utiliser en notre faveur peut nous permettre d'augmenter notre productivité d'un tiers.
- Le multitâches freine la productivité d'environ 40 %.
- Utiliser délibérément les moments libres de la journée sans laisser les algorithmes dicter nos occupations peut nous fournir une heure supplémentaire par jour.
- Dans l'ensemble, le timeboxing double notre productivité.

RÉFLEXION

- Dans quelle mesure êtes-vous certain de vous concentrer surtout sur les bonnes choses ? Avez-vous l'impression d'y parvenir plutôt au travail ou chez vous ?
- Avez-vous tendance à faire plusieurs tâches à la fois ? Dans quelles situations ? Pensez-vous qu'un changement est nécessaire à cet égard ?
- Qui est le principal responsable du temps que vous perdez ? Les réseaux sociaux ? Les services de *streaming* ? D'autres addictions ? Les disputes ? L'inquiétude ? La procrastination ?

8

POUR UNE VIE INTENTIONNELLE

> « *Quand j'ai raccroché*
> *le téléphone, j'ai compris,*
> *En grandissant, il était devenu comme moi,*
> *Mon fils était exactement comme moi.* »
>
> Harry Chapin et Sandra Gaston Chapin,
> *Cat's in the Cradle*

Mots-clés	Vie, raison d'être, sens, planification, choisir la vie, regret, intention, intensité, chérir
Nombre de mots	1 820
Temps de lecture	6 minutes

Du temps bien investi conduit à une vie bien vécue.

Le timeboxing peut améliorer l'usage que vous faites de 15 minutes, d'une heure ou d'une journée. Ce sont les courtes durées généralement associées à cette méthode. Aussi courtes soient-elles, elles s'accumulent au fil des semaines, des mois et des années. Et c'est ainsi que le timeboxing peut vous aider à choisir et à changer le cours de votre vie. Cette vie que vous possédez est peut-être bien la seule chose que vous puissiez contrôler, dans tout l'univers et pour l'éternité. C'est dans la finitude – un terme d'Oliver Burkeman décrivant un aspect essentiel de la condition humaine – qui la définit que repose notre formidable chance de choisir ce que nous voulons faire de notre vie pour la rendre spéciale.

Tous les avantages que nous avons énumérés jusqu'ici forment ensemble un récit complet. Grâce au timeboxing, nous nous sentons mieux, nous réfléchissons plus intelligemment, nous collaborons de manière plus harmonieuse et nous accomplissons davantage. Ces avantages s'entremêlent et s'accumulent. En cours de route, nous laissons une trace – le fameux historique décrit au chapitre 3 – de tout ce que nous avons fait. Au fil de notre vie, cette trace s'étire. Le timeboxing nous permet de l'enrichir comme nous l'entendons en décidant de manière proactive de notre avenir à court et à long terme.

À COURT TERME

Considérons le court terme comme l'horizon des 12 prochains mois.

Nous sommes sollicités de tous les côtés par différents domaines de notre vie. Le timeboxing nous encourage à réfléchir à ces tensions et à les aborder avec intention pour atteindre nos objectifs. Cette approche peut être très concrète. Imaginons par exemple qu'il est important pour vous de consacrer plus de temps à vos projets créatifs. Identifiez certaines activités créatives, affectez-leur des boîtes de temps dans votre agenda et faites-les ressortir avec une couleur spécifique – en bleu, par exemple[1]. Votre agenda sert alors deux fonctions : il vous permet de visualiser ce que vous entreprenez pour atteindre ce but et il vous incite à prendre des mesures correctives (quand le bleu se fait rare).

Vous pouvez être encore plus précis. Disons que vous avez décidé de consacrer 25 % de votre temps à la création. Vous pouvez suivre et mesurer cet indicateur dans votre agenda (de manière automatique si vous utilisez une fonctionnalité comme Time Insights de Google ou Viva Insights de Microsoft sur Outlook).

Il est crucial de réfléchir aux domaines qui comptent dans votre vie. Vous trouverez l'inspiration en examinant l'historique de votre agenda. Voici une liste des tensions de la vie les plus courantes pour vous aider à identifier les plus importantes pour vous.

- **Travail *vs* temps libre.** C'est la zone de tension la plus courante, la plus clichée. Ce qui ne l'empêche pas d'être importante. Combien d'heures souhaitez-vous travailler en moyenne ? Décidez d'un nombre qui vous paraît raisonnable, travaillez ce nombre d'heures, puis posez votre stylo et arrêtez tout. Vous devrez prendre des mesures pour empêcher le travail d'empiéter sur votre temps libre, par exemple avec des outils et logiciels (voir chapitre 23 « Outils et technologies »).
- **Temps pour vous *vs* responsabilités envers les autres.** Passez-vous assez de temps à prendre soin de vous-même ? Méditation, exercice physique, alimentation, journal intime, thérapie, réflexion ?
- **Apprentissage *vs* travail.** Combien de temps accordez-vous à l'apprentissage pendant vos heures de travail ? Votre employeur vous offre-t-il des conditions adaptées ? Si ce n'est pas le cas, il

1. Apparemment, le bleu stimulerait la créativité : « Effect of Colours: Blue Boosts Creativity », University of British Columbia, 2009, https://www.sciencedaily.com/releases/2009/02/090205142143.htm#:~:text=Effect%20Of%20Colors%3A%20Blue%20Boosts,Attention%20To%20Detail%20%2D%2D%20ScienceDaily.

devrait certainement le faire ; la plupart des employeurs proposent de nos jours une heure consacrée à l'apprentissage par semaine.

- **Tensions liées au travail : bureau *vs* télétravail ; travail de jour *vs* travail de nuit ; travail stimulant *vs* travail répétitif.** Avez-vous réfléchi à ce qui fonctionne pour vous, votre famille et votre travail ? Avez-vous pris toutes les mesures nécessaires pour changer la situation au besoin ?
- **Vie sociale *vs* vie de famille *vs* temps pour soi.** Passez-vous autant de temps que vous voulez, ou que vous devriez, avec vos amis ? Savez-vous au moins qui sont vos vrais amis ? Passez-vous assez de temps *de qualité* avec votre famille – par exemple, prenez-vous vos repas ensemble et êtes-vous totalement présent pendant ces moments ?
- **Temps productif *vs* temps libre.** Le temps libre n'est pas nécessairement contre-productif. Faire de l'exercice physique, jouer d'un instrument de musique, lire ou encore apprendre une nouvelle langue sont des activités considérées comme productives. Mais consacrez-vous trop de temps à ces activités ? Faudrait-il injecter un peu de légèreté et de plaisir à votre emploi du temps ? Quelle quantité et à quelle fréquence ? Créez des boîtes de temps !
- **Objectifs à court terme (dans les 12 prochains mois) *vs* objectifs à long terme (au-delà de 12 mois).** Avez-vous trouvé un juste équilibre entre les objectifs à court terme et ceux à long terme ? Quel serait un bon équilibre pour vous, en pourcentage ?
- **Partenaire *vs* enfants.** Pour ceux qui sont parents, passez-vous assez de temps de qualité avec chacun des membres de votre famille ? L'un d'entre eux est-il un peu délaissé ? Réfléchissez, décidez et agissez.

À LONG TERME

Il n'y a pas si longtemps, les objectifs à long terme n'avaient pas vraiment lieu d'être. Nous vivions moins longtemps et le choix était limité. Mais à présent, notre espérance de vie est bien plus longue – au Royaume-Uni, aujourd'hui, un bébé sur trois devrait vivre jusqu'à 100 ans[2] – et nous avons, comme le souligne ce livre, des choix à n'en plus finir. Le choix de ce que nous voulons faire à tout moment et le choix de notre trajectoire de vie (où vivre, avec qui, quelle carrière suivre, quelles compétences acquérir).

Les coachs de vie demandent souvent à leurs clients lors de la première séance de noter leurs objectifs de vie. Ils les aident ensuite à poser les fondations qui leur permettront de passer de leur situation présente à la situation future souhaitée. Le timeboxing peut fournir ces fondations et nous mettre sur la bonne voie.

La plupart d'entre nous aimeraient, en fin de vie, pouvoir observer le chemin parcouru et se dire que leur temps sur terre en valait la peine et qu'ils n'ont pas de regret. Les regrets exprimés par certaines personnes âgées peuvent être une source d'inspiration à la fois bouleversante et instructive :

- avoir passé trop de temps à s'inquiéter[3] ;
- ne pas avoir mis assez de côté pour leur retraite[4] ;
- ne pas avoir eu le courage d'être elles-mêmes[5] ;
- ne pas avoir voyagé plus[6] ;

---

2. « What Are Your Chances of Living to 100? », Office for National Statistics, 2016, www.ons.gov.uk/peoplepopulationandcommunity/birthsdeathsandmarriages/lifeexpectancies/articles/whatareyourchancesoflivingto100/2016-01-14.
3. Rachel Gillett, « People over 65 shared their greatest regret in life », *Independent*, 2016, www.independent.co.uk/life-style/health-and-families/features/people-over-65-shared-their-greatest-regret-in-life-the-most-common-one-may-surprise-you-a6800851.html.
4. Sarah Crow, Dana Schulz, « 50 Regrets Everyone Has Over 50 », BestLife, 2023, https://bestlifeonline.com/most-common-regrets.
5. A. Pawlowski, « How to live life without major regrets », *Today*, 2017, www.today.com/health/biggest-regrets-older-people-share-what-they-d-do-differently-t118918.
6. www.independent.co.uk/life-style/health-and-families/features/people-over-65-shared-their-greatest-regret-in-life-the-most-common-one-may-surprise-you-a6800851.html.

- ne pas avoir passé assez de temps avec leur famille ou leurs amis ;
- ne pas avoir consacré assez de temps à leurs passions : beaucoup de personnes âgées regrettent de ne pas avoir suivi leurs rêves plus tôt dans leur vie ;
- ne pas avoir pris plus soin de leur santé ;
- ne pas s'être assez affirmées ;
- ne pas avoir assez étudié ou appris ;
- ne pas avoir assez exprimé leur amour et leur gratitude.

Si vous êtes prêt à prendre des mesures préventives pour éviter l'un ou plusieurs de ces regrets, là aussi, le timeboxing peut vous aider. Imaginons qu'il est important pour vous de voyager plus. Demandez-vous quand, où et pour quels coûts. Puis planifiez. Une boîte de temps mensuelle dédiée à la planification de voyages pourrait être un bon début. En parallèle, vous pourriez ajouter des objectifs financiers pour vous aider à réaliser ce rêve. Après avoir fait un ou deux voyages cette année, vous serez plus convaincu du fonctionnement d'un plan similaire (mais amélioré) pour l'année suivante. Et celle d'après. Dix ans plus tard, vous serez devenu le vadrouilleur que vous rêviez d'être.

Une vie intentionnelle et bien vécue n'a pas nécessairement besoin d'être glamour. Une grande partie de notre vie se compose d'événements ordinaires et récurrents. Nous mangeons, buvons, dormons, pensons et interagissons avec ceux qui nous entourent au quotidien. La plupart d'entre nous pourraient bénéficier de quelques rappels pour manger sainement, limiter notre consommation d'alcool, dormir suffisamment, adopter une attitude positive et faire preuve d'empathie envers les autres. Le timeboxing peut nous aider à réaliser toutes ces activités du quotidien de manière saine, intentionnelle et heureuse.

Le long terme peut être vu comme un objectif qui s'étend au-delà de notre propre vie. Les répercussions de nos actions transcendent notre propre existence. Certains comportements positifs ou négatifs, notamment ceux qui ont un impact sur les jeunes (comme nos enfants, mais pas uniquement), sont susceptibles de nous survivre sous quelque forme que ce soit. Nous pouvons décider de briser les cycles destructeurs et de les remplacer par des cycles bénéfiques. C'est la mise en garde – et l'occasion – glissée dans les paroles citées au début de ce chapitre.

En menant vos activités quotidiennes de manière intentionnelle, vous obtiendrez ce que tous les êtres humains désirent : une vie consciente, voulue et précieuse.

•••

Au fil des chapitres précédents, nous avons passé en revue les principaux avantages du timeboxing. Certains nous aident avec le passé (un historique fiable), d'autres avec le présent (sérénité, réflexion intelligente, collaboration et productivité) et d'autres encore avec l'avenir (une vie intentionnelle). Les visualiser tous ensemble aura peut-être de quoi vous motiver :

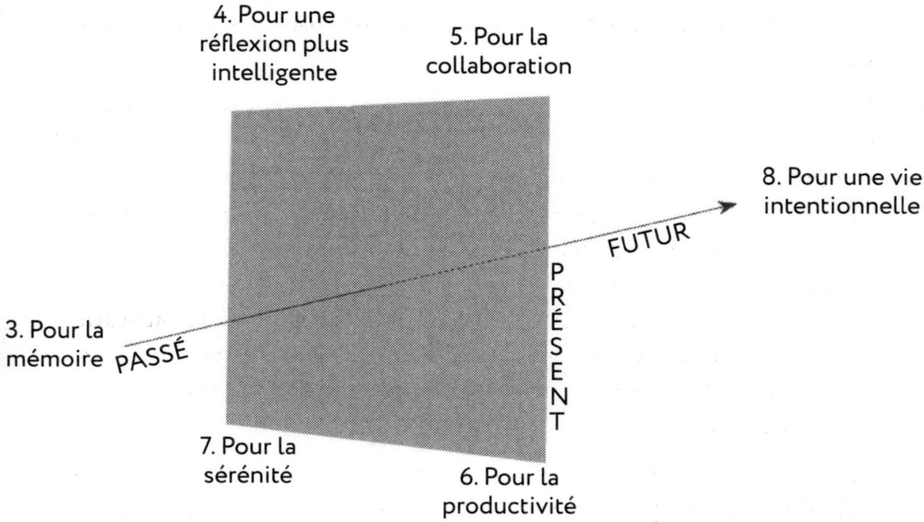

RÉCAPITULATIF

- Ce que vous décidez de faire de votre temps chaque jour définira ce que votre vie a été.
- Examinez les tensions existantes dans votre vie, et demandez-vous si vous déployez les efforts suffisants et si vous consacrez assez de temps à ce qui compte.
- Pour le long terme, pensez à vos objectifs de vie, aux étapes qui vous permettront de les atteindre et aux boîtes de temps immédiates et à court terme qui vous mettront sur la bonne voie.

RÉFLEXION

- Parmi les tensions à court terme listées dans ce chapitre, lesquelles vous parlent le plus ?
- Quel changement mineur pourriez-vous mettre en place pour améliorer les tensions dans votre vie ?
- Parmi les regrets susmentionnés, lesquels risquez-vous de ressentir plus tard dans l'état actuel des choses ? Quel plan pourriez-vous élaborer pour éviter ces regrets ?

Partie II

PLANIFIER

La deuxième partie se concentre sur la planification de vos boîtes de temps, avant le tumulte de la journée. Comme nous l'avons vu dans le chapitre 2, les intentions d'implémentation fonctionnent : si votre plan est bon, vous êtes susceptible de le mettre en œuvre. Voici comment l'élaborer – de manière cohérente, en utilisant votre to-do list, en estimant la durée de chaque tâche et en les classant correctement. Ces 15 minutes cruciales de planification déterminent les 15 heures suivantes de votre journée.

9

LES BASES

> *Faites de votre mieux jusqu'à mieux savoir. Puis, quand vous savez mieux, faites mieux.*
>
> Maya Angelou

Mots-clés	Les essentiels, poser les bases, agenda, état d'esprit, environnement, poste de travail, distractions, concentration, smartphone
Nombre de mots	1 453
Temps de lecture	5 minutes

Ce chapitre est extrêmement simple. Comme nous l'avons vu au chapitre 1, entre autres, le timeboxing est naturel car nous l'utilisons déjà tous d'une manière ou d'une autre. Par conséquent, il en faut peu pour vous y mettre.

UN PEU DE TEMPS : 15/15

Créez une boîte de temps pour le timeboxing. Oui, c'est un peu une méta-activité. L'un des ingrédients clés du timeboxing, explicitement inclus dans sa définition donnée au chapitre 1, est de sélectionner le travail à faire quand *nous sommes dans le bon état d'esprit*. Et pour s'en assurer, il faut bloquer un créneau dans l'agenda avant de passer aux tâches elles-mêmes, que ce soit pour votre timeboxing quotidien ou pour celui à plus long terme.

Pour la version quotidienne, vous pouvez vous y mettre la veille au soir ou le matin même. La première option présente l'avantage de vous accorder une nuit de sommeil durant laquelle votre cerveau procède à toutes sortes de traitements et de consolidations. La deuxième a l'avantage d'avoir la tête reposée et les idées claires (ce que je préfère).

Vous n'avez pas besoin de beaucoup de temps. Vous pouvez timeboxer votre journée entière en 15 minutes. Mais ce sont les quelques minutes cruciales qui vont déterminer les 15 heures (environ) suivantes de votre journée. Alors, réservez ces 15 minutes dans votre agenda. J'insiste sur le fait qu'il s'agit d'une activité *quotidienne* (bien souvent, la plus importante de la journée) : inscrivez-la donc avec une récurrence quotidienne. Faites de ce rendez-vous un moment plaisant, surtout quand vous commencez ; vous pouvez par exemple procéder à votre timeboxing tout en dégustant la boisson matinale de votre choix.

Ces 15 minutes de planification vous donnent le contrôle. Bien plus que quand vous ouvrez votre boîte de réception au saut du lit (ce que font la plupart des gens). Même si vous consultez et répondez à dix e-mails pendant ces 15 premières minutes, ce résultat ne vous aide en aucun cas à visualiser ce que vous avez à faire, vos priorités, les projets qui nécessitent une préparation intense, la personne qui doit être contactée, quand vous pourrez faire une pause, etc. Le timeboxing fait plus que vous donner une idée de tous ces éléments : il vous fournit un plan précis, accompagné d'un sentiment de contrôle.

Le timeboxing à plus long terme – hebdomadaire, mensuel, trimestriel ou annuel – doit également être planifié pour vous assurer d'être fait. Il vous faudra peut-être une heure ou plus pour ces sessions. Ce chapitre (et ce livre) se focalise toutefois sur le rythme le plus courant et le plus important du timeboxing : la version quotidienne.

LE BON ÉTAT D'ESPRIT

Pour que le timeboxing fonctionne pour vous, vous devez impérativement être dans le bon état d'esprit. Vous devez être ouvert à la possibilité que la méthode puisse vous aider à déterminer quoi faire et quand, et qu'elle vous aidera à vous sentir mieux ensuite. Tout regard critique est le bienvenu, et peut même être utile, mais le scepticisme est à proscrire. Puisque vous lisez ce livre, il y a de grandes chances que vous ayez la bonne mentalité ; à savoir, vous êtes convaincu que le timeboxing peut vous aider. Et puisque vous avez lu jusqu'ici, vous connaissez les six avantages du timeboxing décrits dans la partie I.

LE BON ENVIRONNEMENT

Optimisez votre environnement physique pour trouver et garder la concentration nécessaire. Préparez vos cinq sens de la manière la plus propice, pour avoir les idées claires et timeboxer efficacement.

- **La vue.** Désactivez les notifications et limitez l'accès aux appareils susceptibles de vous en envoyer. Fermez les onglets de navigation dont vous n'avez pas besoin (passez en mode plein écran en appuyant sur la touche F11 sur PC ou sur fn + control + command + F sur un Mac). Placez votre agenda au centre de votre expérience visuelle le temps de cette session de planification. Ajustez la lumière dans la pièce et faites place nette sur votre bureau. Prenez quelques minutes à la fin de cette liste pour examiner l'environnement visuel du lieu où vous travaillez le plus souvent. Ces étapes de préparation de notre champ visuel pour éviter les distractions peuvent sembler évidentes, mais d'après mon expérience, 95 % d'entre nous les omettent.
- **L'ouïe.** Choisissez une ambiance sonore adaptée : musique ou non, musique sans paroles, suppression des bruits.
- **L'odorat.** Bougies parfumées, diffuseurs, fenêtres ouvertes, arômes plaisants.
- **Le goût.** Stockez les collations et boissons dont vous aurez besoin, et gardez-les à portée de main afin éviter de vous interrompre dans votre tâche pour faire un saut en cuisine/à la cantine/au café.
- **Le toucher.** Corrigez votre posture, et entourez-vous des outils et accessoires qui vous aident à vous sentir préparé, serein et concentré.

La plupart des gens préfèrent être seuls pour timeboxer leur journée. Décider comment vous allez passer votre journée est une activité personnelle. Alors, si vous avez un bureau ou une pièce réservée au travail, fermez la porte et prévenez les autres que vous ne voulez pas être dérangé.

Nos environnements jouent un rôle clé dans la formation des habitudes. Accrocher à votre porte d'entrée une liste de tous les objets dont vous avez besoin pour la journée (clés, portefeuille, téléphone portable, etc.) peut éviter des trous de mémoire agaçants. Poser un livre sur votre lit le matin augmente la probabilité que vous le lisiez le soir. Pensez à l'environnement physique et numérique dans lequel vous finissez ou commencez votre journée.

Qu'est-ce qui participe à vous motiver, à vous sentir bien et concentré ? Et qu'est-ce qui vous démotive, vous dérange et vous distrait ? Entourez-vous davantage de ce qui vous est bénéfique (voir chapitre 19 « Prenez l'habitude »).

UN AGENDA NUMÉRIQUE

Tout ce dont vous avez besoin, c'est un agenda numérique. Les agendas papier (et les blocs de papier au design sophistiqué décrits en ligne comme des planificateurs pour timeboxing) sont évidemment compatibles avec le timeboxing. Mais il leur manque un grand nombre des avantages clés de leurs homologues numériques. Les agendas numériques peuvent servir à retrouver une information à l'aide d'une simple recherche textuelle. Les agendas numériques peuvent être facilement partagés avec collègues, amis et famille. Les agendas numériques peuvent être protégés par un système de cryptage et de mot de passe. Ils sont sauvegardés dans le *cloud* et synchronisés avec tous vos appareils. Bref, mon conseil est simple : utilisez un agenda *numérique.*

Pour le moment, vous pouvez ignorer les autres gadgets non essentiels. Un grand nombre d'agendas numériques sont dotés de fonctionnalités avancées, que bien peu d'entre nous utilisent. Ignorez-les. Il existe aussi des logiciels pour vous aider à timeboxer. Ignorez-les aussi pour l'instant ; nous en reparlerons au chapitre 23 (« Outils et technologies »).

TIMEBOXEZ LE TIMEBOXING DÈS MAINTENANT

Ouvrez votre agenda numérique sans plus attendre. Insérez une boîte intitulée « Timeboxer la journée » pour demain matin, à une heure qui vous convient, peu de temps après votre réveil. Paramétrez cette boîte de temps pour qu'elle se répète tous les jours de la semaine. Puis utilisez ces boîtes pour timeboxer chaque jour, l'un après l'autre. C'est une expérience immersive et d'apprentissage par la pratique.

•••

Un quart d'heure, le bon état d'esprit, le bon environnement et un agenda numérique : voilà les éléments essentiels du timeboxing. Il ne vous manque plus qu'une chose, non négligeable. Elle est bien connue et largement utilisée, même si, depuis peu, elle fait l'objet de critiques (injustes, à mon sens) : la to-do list.

RÉCAPITULATIF

- Vous n'avez pas besoin de grand-chose pour commencer à planifier vos boîtes de temps.
- Pour vous lancer, il vous faut :
  - ☐ le bon état d'esprit ;
  - ☐ le bon environnement ;
  - ☐ un agenda numérique ;
  - ☐ un créneau de 15 minutes.

RÉFLEXION

- Observez votre environnement de travail actuel, au bureau ou à domicile. Quels comportements bénéfiques favorise-t-il ? Et quels comportements indésirables ?
- Quel moment de la journée vous convient le plus pour ces boîtes de temps quotidiennes de 15 minutes affectées à la planification ? Qu'est-ce qui vous empêche de le faire maintenant ?
- Si vous n'avez pas d'agenda numérique, installez-en un sans attendre. Si vous en avez déjà un, jouez avec les paramètres pour améliorer votre expérience d'utilisation.

10

LA TO-DO LIST

> *Mettre à jour la liste.*
> *Une chose.*
> *Une autre.*
> *Pas toutes.*
>
> Anonyme

Mots-clés	To-do list, rappel, prioriser, aide-mémoire
Nombre de mots	3 053
Temps de lecture	13 minutes

C'est l'un des chapitres les plus importants de ce livre.

La to-do list est une compilation personnelle des tâches que vous avez l'intention d'exécuter, qui sert souvent d'aide-mémoire. L'agenda est un outil permettant de suivre les événements que vous avez planifiés. Le timeboxing est une fusion des deux ; il consiste à extraire les bons éléments de votre to-do list, à les insérer dans votre agenda et à vous assurer que chaque tâche est réalisée dans le respect de ce programme.

Plus des trois quarts[1] d'entre nous possèdent une to-do list. Mais je crains que bien peu d'entre nous l'utilisent de manière optimale. Ces listes sont presque toujours confidentielles et ne permettent pas de voir ce que font les autres, de partager les bonnes pratiques, de répéter certains éléments ou de mesurer leur efficacité. La littérature sur le sujet (en ligne et dans les livres) reflète ce problème : elle manque de recherche approfondie et semble fragile et peu convaincante.

Ce chapitre, un peu plus long que les autres, défend la nécessité des to-do lists, en fournit une description, précise leur origine et leur visée, et vous aide à mieux les dresser.

RÉQUISITOIRE

Les to-do lists semblent ne plus avoir la cote. On leur reproche souvent d'être :

- **Ingérables.** Nous avons tellement de choses à faire issues de domaines divers et disparates de notre vie que notre liste devient encombrante, peu maniable, impossible, et même, selon Cal Newport (auteur de *Deep Work*), « inhumaine ». Elle crée par conséquent du stress et de la frustration, et nous empêche de progresser sur quoi que ce soit.

1. https://news.microsoft.com/2008/01/14/survey-shows-increasing-worldwide-reliance-on-to-do-lists.

- **Irréalistes.** Les to-do lists font naître des attentes irréalistes de nous-mêmes. Nous nous épuisons et/ou nous avons le sentiment d'échouer. Une statistique souvent citée est la suivante : 41 %[2] des tâches des to-do lists ne sont jamais réalisées.
- **Peu ambitieuses.** Les to-do lists se concentrent sur des tâches partielles et urgentes, et ne contribuent pas aux plus vastes objectifs de vie.

Ces objections portent uniquement sur le *mauvais usage* des to-do lists. Les couteaux, les voitures, les mots et d'innombrables autres inventions humaines peuvent être mal utilisées, voire utilisées pour faire le mal. Ce qui est remis en cause ici n'est pas l'invention en soi, mais son *application*. Nous verrons dans ce chapitre que les to-do lists bien faites réfutent toutes les objections susmentionnées.

ÉLOGE

La to-do list n'est pas seulement défendable, elle est indispensable. C'est la liste des choses que vous estimez importantes. Votre programme, vos choix, votre pouvoir d'action. Ce qui diffère fortement d'une boîte de réception, par exemple, qui n'est rien d'autre qu'une liste de messages et sollicitations d'autres personnes.

C'est avant tout un aide-mémoire. Dans notre quotidien effréné et chaotique, chaque pensée, message, notification ou expérience vient constamment chasser les précédents. Nous sommes tout à fait susceptibles d'oublier quelque chose ; à vrai dire, c'est peut-être même une caractéristique évolutive[3]. Une to-do list simple et facile d'accès nous aide à nous souvenir de tout. Elle donne un répit à notre mémoire. En transférant une idée d'un emplacement

2. Janet Choi, « How to Master the Art of To-Do Lists by Understanding Why they Fail », IDoneThis, 2021, http://blog.idonethis.com/how-to-master-the-art-of-to-do-lists.
3. Corinne Purtill, « The New Science of Forgetting », *Time*, 2022, https://time.com/6171190/new-science-of-forgetting.

qui exige un effort cognitif vers un emplacement passif, nous nous allégeons l'esprit et atténuons notre niveau de stress.

C'est aussi une manifestation de notre potentiel. Nous procédons à une sélection parmi la multitude d'idées, d'activités et d'aspirations dont nous disposons en tant qu'esprit libre vivant sur la planète Terre. Elles sont prélevées de la liste de choses *possibles*, une liste débordante et quasi infinie. La to-do list délimite notre ambition et notre capacité.

Elle joue un rôle essentiel dans la vie professionnelle comme dans la vie privée de la plupart des gens.

Bien que nécessaire, elle ne suffit pas à garantir la bonne exécution des tâches. La to-do list détermine ce que nous devrions faire *à un moment donné*. Le timeboxing scelle ces moments et s'assure que les tâches sont exécutées au fil du temps.

QU'EST-CE QUI ALIMENTE UNE TO-DO LIST ?

La to-do list étant une condition préalable au timeboxing, il est crucial de bien la comprendre. Suivons la chaîne de causalité et examinons la provenance des entrées d'une to-do list. Il existe cinq sources principales :

- **Les idées.** Vous vous souvenez d'une promesse que vous avez faite à quelqu'un la semaine dernière. Une idée géniale vous traverse l'esprit sous la douche. Vous voyez quelqu'un dans le train qui ressemble à un vieil ami d'enfance et vous vous dites qu'il serait bon de le contacter. Une réflexion créative et potentiellement utile naît dans votre esprit pendant que vous rêvassez. Nos cerveaux sont en permanence actifs et fortement imprévisibles. Et les déclencheurs externes, qui proviennent de notre environnement, sont tout aussi imprévisibles. Ainsi, les idées, pensées, réflexions et épiphanies que nous avons forment une riche et merveilleuse source d'idées de choses à faire. Je vous conseille de tenir à jour une liste de choses à apprendre en parallèle de votre liste de choses à faire et d'y noter tout ce qui vous intéresse mais que vous n'avez pas eu le temps d'approfondir.

- **Les messages.** Nous recevons plus d'une centaine[4] d'e-mails par jour, et un nombre similaire de messages *via* les applications de messagerie et les réseaux sociaux. La plupart sont des messages automatiques ou des rappels d'infos non sollicités, non pertinents et ne méritant pas notre attention. Mais certains exigent une réflexion et une prise d'action, et deviennent des choses à faire, des candidats à notre to-do list. Même les plus triviaux – qui sont les plus nombreux – doivent être traités d'une manière ou d'une autre, et évoluent ainsi en tâches.
- **Les réunions et conversations.** Nous passons un quart de notre vie professionnelle en réunion. Nous avons 27 conversations[5] par jour. De ces interactions en temps réel avec d'autres êtres humains peuvent découler de nombreuses tâches. Votre patron peut tout simplement vous donner du travail. Vous discutez avec un voisin âgé et proposez de réparer sa palissade. Certaines actions décidées à la fin d'une réunion d'affaires peuvent vous être attribuées.
- **Le travail en lui-même.** Une fois les diapositives préparées pour votre présentation de vente, vous vous rendez compte que vous devez la répéter. Pendant que vous rédigez un argumentaire, vous réalisez que d'autres recherches sont nécessaires sur un marché adressable. En utilisant le logiciel CRM (Customer Relationship Management), vous remarquez que plusieurs entrées doivent être complétées. En vous connectant au logiciel de gestion des tâches, vous constatez qu'une série de tâches vous attend. Le travail engendre le travail.
- **Les tâches domestiques.** Les corvées personnelles sont légion : lessive, nettoyage, courses, factures, préparation des

4. www.campaignmonitor.com/resources/knowledge-base/how-many-emails-does-the-average-person-receive-per-day.
5. https://www.newswiretoday.com/news/76151/New-Survey-Reveals-Average-Brit-Has-27-Conversations-Every-Day.

repas, entretien de la voiture, de la maison, du jardin ou du potager, exercice physique, santé personnelle, planification des vacances, soin de la famille et des animaux domestiques, poubelles et recyclage, responsabilités envers la communauté, etc. Beaucoup d'entre elles reviennent régulièrement, et certaines sont moins prévisibles. Certaines proviennent des membres de notre famille, en particulier de ceux avec lesquels nous vivons. Ce sont autant de tâches à accomplir, que cela nous plaise ou non.

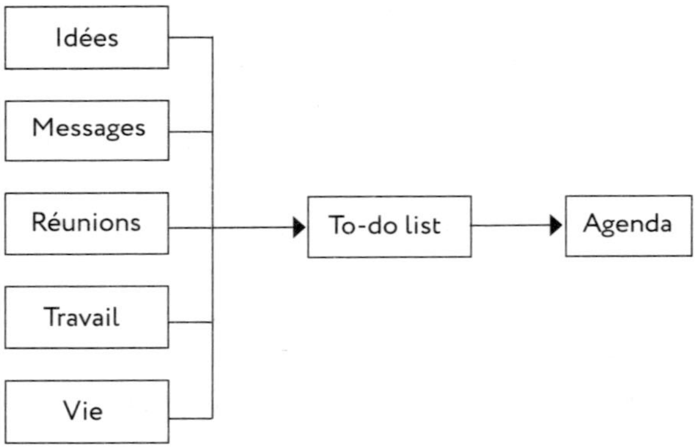

Identifier les principales sources de tâches (vous pourrez certainement en ajouter à cette liste) et comprendre comment elles terminent dans votre to-do list peut être profondément transformatif. Pour beaucoup de gens, il existe une rupture dans la chaîne entre la source de la tâche et leur to-do list. Cela signifie que certaines sont perdues et jamais exécutées. De temps à autre, cette omission est importante et a des conséquences coûteuses, au travail ou à la maison. Pour ne rien oublier, la chaîne ne doit pas être rompue. Et pour vous en assurer, vous devez examiner toute la chaîne, en remontant au début.

QU'EST-CE QUI EST ALIMENTÉ PAR LA TO-DO LIST ?

La to-do list alimente votre agenda et vos boîtes de temps. Quand vous planifiez vos boîtes (dans les bonnes conditions : un créneau, un agenda numérique, le bon état d'esprit et le bon environnement), vous avez besoin de contenu et celui-ci provient de votre liste. En alimentant vos boîtes de temps, en exécutant les tâches au fil de votre journée, votre liste de choses *faites* se dresse d'elle-même, sans effort de votre part.

Votre to-do list doit aussi alimenter votre poubelle ! Toutes vos idées ne méritent pas de finir dans une boîte de temps. Et entre le moment où une idée est notée sur la liste et celui où nous la mettons en œuvre, beaucoup de choses peuvent changer et la rendre inutile ou superflue. Vouloir à tout prix tout faire sur la to-do list est en réalité contre-productif.

COMMENT BIEN CONSTRUIRE SA TO-DO LIST ?

La réflexion collective et les meilleures pratiques en matière de to-do list sont médiocres – compte tenu du fait que des milliards de personnes s'y adonnent. J'ai lu une partie de la littérature existante et en ai extrait quelques éléments, dans l'espoir que ce chapitre nous aide tous à améliorer notre pratique.

Unités de taille gérable

Décomposez les tâches en blocs de taille gérable. Bien entendu, ce qui est gérable pour une personne ne le sera pas pour une autre, mais le consensus (auquel j'adhère) est le suivant : les tâches ne doivent pas dépasser une demi-journée, et doivent dans l'idéal durer deux heures maximum. Elles peuvent aussi être minuscules : par exemple, un rappel pour envoyer un e-mail de relance ou acheter du lait en rentrant du bureau. Gardez à l'esprit que la prochaine étape du processus, le timeboxing, vous donnera l'opportunité de décomposer davantage les tâches ou de les regrouper. Il n'est pas nécessaire de procéder à ce fractionnement dans l'immédiat.

Accompagnez chaque tâche de suffisamment de détails pour vous souvenir de quoi il s'agit quand vous consulterez à nouveau votre liste (« Rechercher projection astrale » fonctionne ; « Rechercher » seul ne fonctionnera peut-être pas quelques heures ou quelques jours plus tard). Les informations supplémentaires – durée estimée, importance, urgence, collaborateurs, dates butoirs, objectif final, catégorie – peuvent être utiles mais ne sont pas essentielles.

Processus

Définissez les catégories qui alimentent votre liste et systématisez-les de manière qu'elles reflètent ce qui compte le plus dans votre vie. Par exemple, 1,2 milliard d'entre nous utilise WeChat, deux milliards utilisent WhatsApp, et cinq milliards envoient et reçoivent des SMS. À moins de vous moquer des promesses oubliées et des tâches négligées, vous aurez besoin d'un système pour transformer un message en tâche. Vous pouvez par exemple épingler ou marquer d'une étoile les messages qui appellent une action et créer une boîte de temps (éventuellement récurrente) pour planifier quand vous y atteler. Le but est de concevoir un flux entre cette catégorie génératrice de tâches et votre to-do list (et par la suite, vos boîtes de temps), sans rupture dans la chaîne.

Construisez un système équivalent pour toutes les autres catégories génératrices de tâches qui pourraient alimenter votre to-do list. Ne vous fiez pas à votre mémoire. Si elle vous fait défaut, vous en ressentirez une frustration insupportable.

Certaines personnes gèrent plusieurs to-do lists distinctes. Par exemple : travail, vie sociale, finances, entretien ménager, famille, vie personnelle. Pour la plupart d'entre nous, cette approche est contre-productive. Elle nous pousse à comparer l'importance/le caractère urgent de tâches provenant de différentes listes stockées en différents endroits. Mais en fin de compte, chacun d'entre nous n'est qu'une seule entité, évoluant le long d'une chronologie unique. Une seule liste incluant toutes les catégories devrait suffire, surtout si nous sélectionnons avec soin les tâches qui finissent dessus.

Commencez chaque élément de votre liste par un verbe – le verbe implique une *action*.

Classez votre liste et tenez à jour ce classement (par ordre d'importance). C'est la consigne la plus importante. Et les manières de la respecter font débat. Dans un camp, certains (dont Cal Newport) recommandent de regrouper les tâches similaires, de les traiter par lots et d'insérer des pauses entre chacune pour laisser le contexte cognitif se dissiper avant de passer au lot suivant. C'est une approche judicieuse, mais elle présente le risque que des tâches urgentes ne soient pas traitées à temps (car dissimulées dans des lots plus volumineux). L'autre camp (dont je fais partie) conseille de trier les tâches en fonction de leur importance ou de leur urgence. Pour vous aider à les sélectionner dans une longue liste de tâches possibles, vous pouvez suivre cette méthode (un algorithme très simple) :

- Copiez-les dans un tableur.
- Dans une colonne adjacente, attribuez-leur une valeur numérique (par exemple, de 1 à 10) reflétant leur niveau d'urgence/d'importance.
- Triez-les en fonction des valeurs numériques de cette colonne.
- Concentrez-vous sur les quelques tâches cruciales en haut de la liste (les tâches secondaires se trouvent en bas).
- Ressentez la vague de soulagement qui vous envahit après avoir transformé un grand nombre de tâches d'importance variable/inconnue en une liste restreinte de choses à faire.
- Traitez la longue liste de choses de moindre importance : en les supprimant ou en les reportant à une date ultérieure (où elles auront peut-être gagné en importance).

Choisissez l'approche que vous préférez, mais classez impérativement vos tâches. Sans classement auquel vous fier, vous douterez sans cesse, vous réexaminerez la liste et vous continuerez d'hésiter et d'avancer à tâtons. Une liste bien classée vous débarrasse des choix encombrants et vous permet d'exploiter le pouvoir du monotâche.

Élaguez votre liste régulièrement et sans pitié (cet élagage est lui aussi une tâche à timeboxer de manière périodique). Mettre à la poubelle les choses abandonnées sur votre liste (en les rayant ou en les supprimant) est une étape saine de ce processus.

Vous pouvez aussi trouver en ligne de nombreuses to-do lists toutes faites qui peuvent vous aider : voyages, camping, conversations intéressantes, shopping, ménage, déménagement, préparation d'entretien, sécurité du domicile, bricolage, *bucket list*, etc. Servez-vous des idées et des bonnes pratiques des autres. Ou demandez à une IA générative de produire une liste pour vous.

Mécanisme

Je maintiens que la to-do list optimale est numérique et enregistrée sur le *cloud*. Elle peut ainsi contenir des liens hypertextes, être partagée, copiée-collée et sauvegardée plus facilement (ces avantages sont les mêmes que ceux de l'agenda numérique). Vous devez pouvoir accéder rapidement à votre liste, où qu'elle se trouve. Vos idées ne doivent pas se dissiper entre le moment où elles vous viennent à l'esprit et le moment où vous les notez ; il faut minimiser les zones de friction.

En ce qui me concerne, j'utilise un seul fichier Google Docs pour toutes mes notes ainsi que pour mes entrées de to-do list. Quand je me sens dépassé par le nombre d'éléments qui s'y trouvent (par exemple, en rentrant de vacances), je copie la to-do list dans un tableur, j'attribue des valeurs numériques, je classe et je crée des boîtes de temps, selon la méthode décrite précédemment.

Rêvez grand

Un grand nombre des tâches de notre liste sont banales. La plupart des exemples donnés dans ce chapitre le sont. Mais en limitant ainsi votre to-do list, vous limitez votre vie. Même si un rêve peut vous sembler inatteignable, il est peut-être plus proche que vous ne le pensez, et dépend seulement d'une place sur votre liste et d'une boîte de temps soigneusement conçue. Que vous souhaitiez apprendre une nouvelle langue, changer de carrière, militer au profit d'une cause ou devenir quelqu'un de plus bienveillant, il y a toujours un premier pas à faire dans la bonne direction et qui pourrait trouver (temporairement) sa place dans votre to-do list.

•••

La to-do list est là pour vous aider, pas vous freiner. N'y réfléchissez pas trop et ne la compliquez pas. Si vous essayez de consigner chaque détail et de suivre des règles arbitraires (un minimum de X tâches lourdes par jour, un maximum de Y tâches sur votre liste, etc.), imaginées par un quelconque gourou de la productivité, vous risquez de ne pas réussir à prendre cette habitude essentielle. De ce chapitre, retenez surtout qu'il faut examiner ce qui alimente votre liste, classer cette liste et, bien entendu, l'utiliser pour timeboxer.

RÉCAPITULATIF

- La to-do list est un ingrédient essentiel du timeboxing, et la plupart des gens en ont une.
- Les to-do lists sont alimentées par les idées, les messages, les réunions, le travail et la vie, entre autres choses.
- Les éléments de la to-do list sont transférés vers une boîte de temps dans votre agenda (ou vers la poubelle).
- Les bonnes pratiques consistent à :
  - ☐ décomposer les tâches en morceaux de taille gérable ;
  - ☐ les classer par ordre de priorité ;
  - ☐ les élaguer régulièrement ;
  - ☐ les consigner au format numérique et les sauvegarder sur le *cloud* ;
  - ☐ être ambitieux.

RÉFLEXION

- Pensez aux catégories d'activités qui alimentent votre to-do list. En voyez-vous d'autres qui ne sont pas mentionnées dans ce chapitre ? Laquelle vous donne le plus de travail à faire ? Laquelle appréciez-vous ?
- Pourriez-vous améliorer votre système personnel d'alimentation de votre to-do list ? Comment allez-vous le faire ? Quand allez-vous le faire ?
- Jetez un coup d'œil à votre to-do list actuelle. Comment pourriez-vous l'améliorer dans les 5 prochaines minutes ?
- Connaissez-vous quelqu'un qui semble ne jamais rien oublier ? Demandez à cette personne comment elle s'y prend pour créer et mettre à jour sa to-do list.

11

CRÉATION DES BOÎTES

> *Pourquoi cette boîte ?*
>
> William Shakespeare (*Le Conte d'hiver*)

Mots-clés	Regroupement, lots, morceaux, métadonnées, mots-clés, #hashtags, verbes d'action, e-mail
Nombre de mots	2 157
Temps de lecture	7 minutes

À présent, nous avons notre to-do list. Plus précisément, nous avons un inventaire ordonné de tâches de tailles diverses et un système en béton pour maintenir l'ensemble à jour. Nous sommes donc prêts à créer les boîtes de temps correspondantes – prêts à timeboxer.

Ce chapitre et les deux suivants portent sur la création et le placement des boîtes, et sont relativement simples. Mais ils sont aussi importants, puisque vous êtes sur le point de concevoir des milliers de boîtes de temps (20 par jour, 7 000 par an…) – une perspective extraordinaire et motivante !

Votre objectif lors de la création d'une boîte de temps est de faciliter une session de travail productive quand vous vous attaquerez à la tâche en question : démarrage rapide, bon déroulement, réalisation fructueuse.

COMPOSITION D'UNE BOÎTE DE TEMPS

Qu'est-ce qui a sa place dans une boîte de temps ? Tout ce que vous devez ou désirez faire et qui est de taille gérable. Tout cela doit provenir des éléments de votre to-do list qui, comme nous l'avons vu dans le chapitre 10, découlent de vos idées, de vos messages, de vos réunions, de votre travail et de votre vie privée. Ces éléments peuvent être regroupés (s'ils sont trop petits) ou décomposés (s'ils sont trop gros).

Voici ce qui compose généralement les boîtes de temps :

- **La session de planification des boîtes.** Il s'agit du créneau d'environ 15 minutes décrit au chapitre 9 au cours duquel vous timeboxez la journée qui se profile.
- **Une tâche.** C'est l'usage principal, correspondant à l'activité planifiée, par exemple : emmener les enfants au parc, étendre

le linge, déjeuner avec une amie, rédiger l'introduction d'un rapport, relire une évaluation, revoir les données d'un *business plan*, sortir les poubelles le mardi soir…

- **Un rappel.** Contacter quelqu'un, envoyer un e-mail de relance, acheter un cadeau…
- **Préparation de réunion.** Chaque réunion organisée doit être importante. Et chaque réunion importante doit être préparée. Une boîte de temps planifiée au moment opportun est le moyen idéal de vous y préparer, seul ou en collaboration avec d'autres participants à la réunion. À noter : la préparation de réunions sera souvent déclenchée par certains rendez-vous dans votre agenda. Vous planifiez votre journée du mardi. Vous remarquez qu'une réunion vous attend le mercredi, qui exige un peu de préparation. Vous ajoutez une boîte de temps dédiée à cette préparation le mardi.
- **Un trajet.** Si vous avez besoin de temps pour vous rendre quelque part, indiquez dans votre agenda les créneaux durant lesquels vous serez en déplacement (et par conséquent moins disponible). Pensez aussi à enrichir ce trajet en le couplant à une activité divertissante ou instructive bien choisie (et également inscrite dans la boîte de temps). Les titres de mes boîtes correspondant à des trajets ressemblent souvent à ceci : « Trajet/[activité au choix] ».
- **Une pause ou de l'exercice physique.** Insérez des rappels pour faire des pauses et bouger, et signalez aux autres que vous êtes occupé et à quel moment.
- **Une réunion récurrente.** Beaucoup de réunions sont récurrentes. Paramétrer ces rendez-vous périodiques dans votre agenda est une approche logique et efficace. Ne les négligez pas simplement parce que ces rappels sont automatiques. Et n'oubliez pas : les réunions récurrentes peuvent engendrer la nécessité de *préparations* récurrentes.
- **Des éléments personnels.** Nous avons une vie professionnelle et une vie privée. Néanmoins, quelle que soit la manière dont nous les séparons, elles doivent rentrer dans la période de

24 heures dont nous disposons chaque jour. Entremêlez donc vos boîtes de temps de tous les domaines de votre vie dans un seul agenda (voir chapitre 6 « Pour la collaboration »).

REGROUPEMENT ET DÉCOMPOSITION

Certaines tâches sont petites. Lancer une machine à laver, répondre à un e-mail ou envoyer un SMS de remerciement peut prendre quelques secondes. Pourtant, ces petites tâches peuvent avoir des répercussions démeusurées sur notre vie. Il peut souvent sembler difficile de justifier l'effort administratif que nécessite la création de boîtes pour ces tâches. Une solution : regroupez les petits éléments en lots ; donnez à la boîte de temps un titre comme « Divers » ; réalisez ces tâches ensemble ; et appréciez la catharsis qui en résulte.

Les e-mails font partie des cas les plus courants. De nombreux experts en productivité recommandent de consacrer un moment précis de la journée pour lire les e-mails et y répondre, afin d'éviter les interruptions pendant le travail. Certains e-mails appellent une plus grande concentration et méritent peut-être leur propre boîte de temps (et dans ces cas-là, pour concevoir un historique utile, il est préférable de leur attribuer un titre précis, et pas seulement un vague « E-mail »). Pour le reste, rendez le processus ludique en notant dans votre boîte de temps le nombre d'e-mails en attente avant la session, comptez ensuite combien ont été traités et inscrivez ce chiffre dans votre boîte quand vous avez terminé (voilà à quoi ressemblent ces entrées dans mon agenda : 🖂 e-mails [34] > [18]). Les tâches administratives et personnelles se prêtent généralement très bien au regroupement.

NE DÉCOUPEZ PAS VOS TÂCHES EN TROP GROS MORCEAUX.

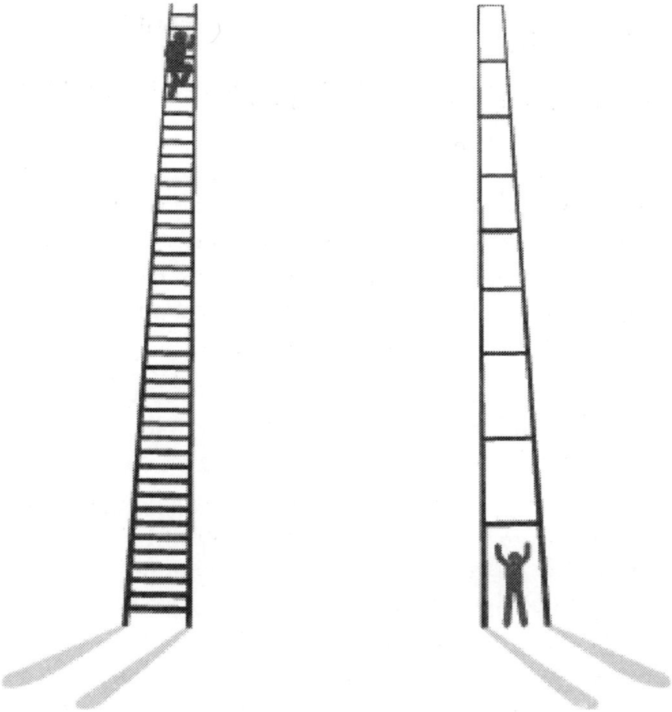

L'inverse est également possible : une tâche peut être trop grosse. Son ampleur peut être intimidante (par exemple : ranger le garage, décorer la maison, rédiger un *business plan*, améliorer un site Web) et nous ne savons pas par où commencer. Dans ce cas de figure, décomposez-la. Plus précisément, décomposez-la en de plus petites unités (voir le chapitre suivant) et créez des boîtes de temps pour ces unités au lieu d'une seule boîte pour la tâche entière.

Quand l'activité est correctement décomposée, elle doit vous permettre de savoir exactement par quoi commencer. Par exemple, une première boîte de temps pourrait être intitulée « Passer l'aspirateur », et la première action serait de sortir l'aspirateur du garage. Ou bien, la boîte pourrait indiquer « Facturer clients », et votre première action pourrait être de retrouver les factures dans vos e-mails.

DESCRIPTEURS

Vos boîtes de temps ont besoin de très peu d'informations. Les éléments essentiels sont : qui, quand et quoi. Le « qui », c'est vous, bien entendu ; c'est votre boîte de temps, votre agenda et votre responsabilité. Nous reviendrons sur le « quand » au chapitre 13 (« Classement des boîtes »).

Le « quoi » correspond au titre et/ou à la description, qui doit suffire à vous lancer efficacement et immédiatement dans la tâche en question. À cette fin, voici les points à prendre en compte :

- **Nom (obligatoire).** Ce point est important, en particulier dans le contexte d'un agenda partagé et pour collaborer avec d'autres personnes. Le nom doit vous en dire suffisamment sur le contenu et, idéalement, vous aider à démarrer la tâche. Choisissez un mot évocateur : un terme technique, le nom d'un événement, un chiffre précis que vous reconnaîtrez. Les verbes sont aussi un bon choix et peuvent vous pousser à l'action. Voici quelques exemples de verbes à utiliser dans vos boîtes de temps : examiner, corriger, rédiger, envoyer, lire, résumer, appeler, réfléchir, envisager, *brainstormer*, coder, planifier, analyser, préparer, vérifier, valider, demander, compléter, améliorer, convaincre, répondre, augmenter, organiser, concevoir, décider, développer, évaluer, réduire, consolider, synthétiser, regarder, écouter, aider, comprendre, apprendre, trouver.
- **Description (facultatif).** Elle est rarement nécessaire. « Cours de jiujitsu », « Résumer réunion de 16 h », ou « Retravailler profil LinkedIn » sont des titres suffisamment parlants. Si vous estimez que d'autres détails doivent être ajoutés, vous pouvez insérer un lien ou une référence vers l'information source (un site Web, vos notes, un document) plutôt que de tout écrire dans la boîte.

- **Code couleur (facultatif).** Dans le chapitre 8, nous avons vu que le timeboxing pouvait vous propulser vers des objectifs de vie plus grands et plus intentionnels. En marquant les différents types d'activités avec un code couleur, vous pouvez observer et suivre combien de temps vous allouez à chacun – par jour, par semaine ou par mois – et décider d'ajuster ces proportions au besoin. Mes boîtes de temps s'inscrivent dans l'une des quatre catégories suivantes :
  - bleu : travail normal.
  - vert : travail à valeur ajoutée.
  - jaune : loisirs.
  - violet : écriture.

Google Agenda a récemment rendu ce genre d'analyse bien plus facile grâce à sa fonctionnalité Time Insights.

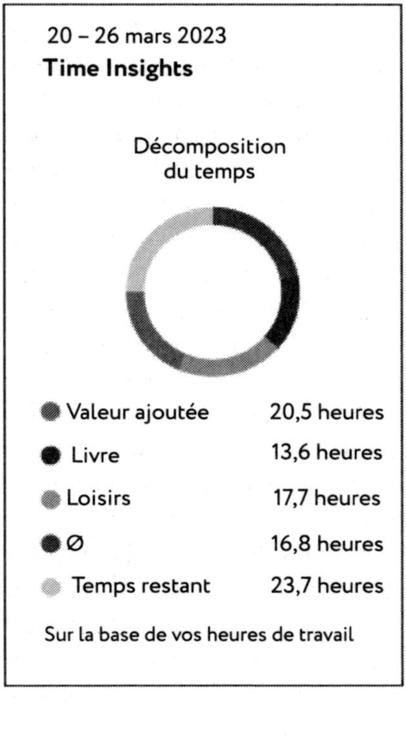

- **Hashtags (facultatif).** Dans le chapitre 3, nous avons vu que le timeboxing pouvait servir de système d'archive. Si vous nommez vos boîtes de manière cohérente et méticuleuse, vous pouvez améliorer l'efficacité de ce système. En recourant à une taxonomie personnelle de termes utiles, vous pourrez retrouver toutes vos boîtes de temps intitulées #ventes #réunion #heuresupp #projetX grâce à une simple recherche dans votre agenda numérique.
- **Émojis (facultatif, évidemment).** L'usage d'émojis peut paraître absurde pour certains, mais il parlera à d'autres. L'ajout d'un émoji en début de titre de votre boîte de temps peut vous mettre de bonne humeur avant de vous atteler à la tâche associée. Si cette option vous tente, utilisez les émojis avec modération pour un impact maximum et durable. Personnellement, je l'avoue, je les utilise de temps à autre (🧠 pour la réflexion, 🚄 pour les trajets, 🦮 pour promener le chien, 👦👧👶 pour préparer les enfants à partir, ⏳ pour souligner l'importance d'une méthode de gestion du temps).

Compte tenu du peu d'informations nécessaires, la plupart des boîtes de temps peuvent être créées en quelques secondes. Ainsi, la vingtaine de boîtes préparant votre journée peuvent être conçues en une quinzaine de minutes.

EXEMPLES

Vous trouverez ci-après mon agenda timeboxé correspondant à l'après-midi durant lequel j'ai rédigé le premier jet de ce chapitre (pendant un vol transatlantique). Le timeboxing de cet après-midi m'a pris environ 10 minutes et est indiqué par la ligne pointillée (je classe cet élément dans la catégorie du travail normal). J'ai ensuite ajouté juste assez d'informations dans l'activité de 13 h 45 pour savoir que je recevrais mon déjeuner (au siège 45C) tout en écoutant un podcast téléchargé sur YouTube. Puisque j'étais déjà bien à jour sur le contenu (j'avais déjà procédé aux recherches et à la planification lors de précédentes sessions de timeboxing), les titres se résumant à un seul mot (aux créneaux 14 h 15, 14 h 30, 14 h 45, 15 h 15 et 15 h 45) étaient suffisants pour rédiger le brouillon du chapitre.

LUNDI 13 MARS

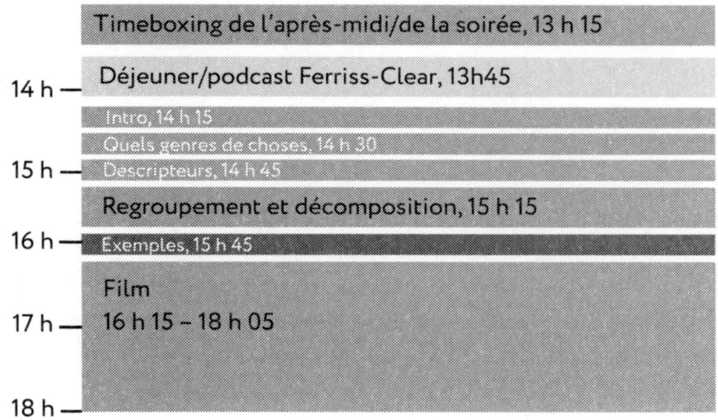

•••

Bien que faciles et rapides à créer, les boîtes de temps représentent un travail dont vous pouvez être fier. En effet, si vous utilisez un agenda partagé, votre agenda timeboxé peut être vu par d'autres. Et même s'il n'est visible que par vous, c'est votre système de productivité personnelle. Et celle-ci s'améliorera avec la qualité de vos boîtes de temps.

RÉCAPITULATIF

- Le timeboxing peut servir différents objectifs. Il existe deux types fondamentaux de boîtes de temps : les boîtes de planification de la journée (15 ou 30 minutes) et les boîtes de la journée qui décrivent les tâches en elles-mêmes.

- Assurez-vous que les tâches choisies pour les boîtes sont de la bonne taille : ni trop grandes (décourageantes) ni trop petites (inutiles).
- Décrivez-les bien, avec des verbes d'action et/ou des informations pertinentes. Le titre est crucial.

RÉFLEXION

- Quels genres de tâches avez-vous tendance à éviter ? Quels sont leurs points communs ?
- Pensez à une tâche de taille considérable qui vous attend. Comment pourriez-vous la décomposer en unités plus gérables et digestes ?
- Examinez votre to-do list ou vos entrées dans votre agenda timeboxé. Vos titres sont-ils assez transparents ? Sont-ils inspirants ? Comment pourriez-vous améliorer leur description ? Imaginez que vous les regardez à nouveau dans 6 ou 12 mois : sont-ils toujours parlants ?
- Relisez le paragraphe sur le code couleur. Quels sont les aspects les plus importants de votre vie (choisissez-en trois, quatre ou cinq) ? Avez-vous une idée de la distribution de votre temps entre ces activités ?

12

TAILLE DES BOÎTES

> *On ne fait jamais attention à ce qui a été fait ; on ne voit que ce qui reste à faire.*
>
> Marie Curie

Mots-clés	Estimation, pratique, données empiriques, échantillonnage, extrapolation, notion du temps, paradoxe du choix, *less is more*
Nombre de mots	1 640
Temps de lecture	6 minutes

Comment savoir combien de temps nous prendra une tâche ? Comment estimer la durée d'une activité pour créer une boîte de temps correspondante ? C'est l'un des grands enjeux du timeboxing.

Combien de temps vous faudra-t-il pour répondre à cet e-mail fâcheux ? Pour changer tous les draps dans la maison ? Pour avoir cette conversation difficile avec votre beau-frère ? Pour reformater les *diapositives* de cette présentation ? Ou pour analyser les chiffres de vente du mois dernier ?

Afin d'exploiter le potentiel du timeboxing, nous devons être en mesure d'estimer correctement la durée de chaque tâche – c'est-à-dire la durée de chaque boîte de temps. C'est plus facile qu'on pourrait le croire au premier abord.

ESTIMER UNE DURÉE PEUT PARAÎTRE DIFFICILE…

Il n'y a pas vraiment de juste milieu. Si nous sous-estimons nos boîtes de temps, nous ne finirons pas le travail, ou nous le bâclerons et en sortirons frustrés et mécontents. Si nous les surestimons, nous perdrons du temps et nous serons peu productifs. Et pour les projets plus complexes qui se composent de plusieurs boîtes de temps cumulées (peindre tous les murs de la maison, se préparer à un examen de violon, concevoir un site Web de A à Z), toute mésestimation peut avoir des conséquences concrètes et additionnelles.

Par ailleurs, beaucoup d'entre nous sont sujets à un biais cognitif qui nous incite à sous-estimer le temps requis à l'accomplissement d'une tâche. Le biais de planification – décrit par Daniel Kahneman et Amos Tversky en 1977[1] – est « la tendance à sous-estimer le

1. Daniel Kahneman, « Intuitive Prediction: Biases and Corrective Procedures », Advanced decision Technology Program, 1977, https://apps.dtic.mil/dtic/tr/fulltext/u2/a047747.pdf.

temps nécessaire à la réalisation d'une tâche future, due en partie à la projection de scénarios de performance trop optimistes ». Si nous arrivons à anticiper les étapes conduisant à l'exécution d'une tâche, nous avons bien plus de mal à imaginer les éventuels contretemps – le téléphone qui sonne, le serveur qui tombe en panne, une tâche inattendue qui découle d'une autre, un visiteur qui frappe à la porte, le brouillard qui s'installe…

C'est à nous de trouver la bonne durée – « juste ce qu'il faut », comme dirait Boucle d'or. Alors, comment s'y prendre ?

… MAIS ÇA NE L'EST FINALEMENT PAS TANT QUE ÇA

Il est tout à fait possible d'estimer l'ampleur de vos tâches à un niveau d'exactitude suffisant pour tirer le meilleur parti du timeboxing.

Nous possédons déjà de l'expérience pour la grande majorité de ce que nous avons à faire. En comparant les tâches à venir avec des tâches similaires passées, nous pouvons évaluer la possibilité et la probabilité de contretemps en nous appuyant sur ce que nous avons déjà vécu. Nous avons déjà répondu à des e-mails longs et pénibles, changé des draps, fait l'expérience de conversations difficiles, réarrangé des présentations et revu des chiffres de vente – et nous savons combien de temps il nous a fallu pour chacune de ces activités. Évidemment, les tâches qui se répètent ou se ressemblent sont rarement *exactement* les mêmes. Mais elles sont assez proches pour nous aider à prendre des décisions éclairées pour notre timeboxing.

DÉVELOPPEZ VOTRE NOTION DU TEMPS

Nous pouvons renforcer notre notion générale du temps que prennent certaines tâches en nous appuyant sur des données empiriques. En moyenne, nous lisons 250 mots par minute ; nous traitons environ un e-mail par minute ; nous rédigeons 2 000 mots en 3 heures ; nous vidons le lave-vaisselle en 4 minutes ; nous prenons 15 minutes pour timeboxer la journée à venir ; nous cuisinons en 30 minutes les recettes en 30 minutes chrono de Jamie Oliver[2].

Vous pouvez être encore plus spécifique en chronométrant certaines de vos activités. Combien de temps vous faut-il pour :

- faire votre footing habituel ;
- faire la lessive ;
- prendre une douche ;
- promener votre chien ;
- préparer les enfants pour l'école ;
- faire des recherches/rédiger/corriger un billet de blog ;
- vous préparer à une réunion ;
- contacter cinq prospects ;
- traiter 50 e-mails dans votre boîte de réception ;
- rédiger les notes d'une réunion ?

Visualiser vos activités quotidiennes et leur durée habituelle peut être un exercice révélateur. Vous déciderez peut-être d'en supprimer certaines, d'accélérer le rythme d'une tâche ou de fusionner deux activités synchronisables (préparer un café + vider le lave-vaisselle ou écouter un podcast + faire un footing). Vous serez peut-être surpris de voir la vitesse à laquelle certaines tâches intimidantes peuvent être réalisées, ce qui les rendra moins intimidantes par la suite. Cet exercice vous aidera à améliorer votre capacité d'estimation de la durée de vos boîtes.

---

2. Le célèbre chef britannique adepte du timeboxing : https://www.jamieoliver.com/recipes/category/books/jamies-30-minute-meals.

Si le doute persiste, l'autre solution est l'échantillonnage. Imaginons que vous devez examiner les CV de 80 candidats et que vous n'avez encore jamais réalisé ce genre de mission. Au lieu d'allouer une durée aléatoire à cette tâche et de vous tromper, vous pouvez examiner quelques CV, vous chronométrer et extrapoler. Par exemple, si vous mettez 15 minutes à lire 5 CV, il vous faut donc 3 minutes par CV. Vous irez peut-être de plus en plus vite à mesure que vous avancerez, et votre rythme passera peut-être à 2,5 minutes par CV – soit 24 CV par heure. Vous saurez alors qu'il vous faudra un petit peu plus de 3 heures au total ; 3 heures et demie en incluant une ou deux pauses.

Tout ceci devrait vous aider à développer une meilleure appréciation instinctive de la durée des tâches.

PETITE, MOYENNE ET GRANDE

Je vous conseille de choisir trois tailles de boîtes et de vous y tenir. Il est bien plus facile de trancher entre une petite, une moyenne et une grande boîte que de faire un choix entre des dizaines de durées possibles. Évitez les moments d'indécision (est-ce une tâche de 4 ou 7 minutes ?) en vous donnant moins d'options. D'ailleurs, c'est la raison pour laquelle la suite de Fibonacci (0, 1, 1, 2, 3, 5, 8, 13, 21, 34, etc. – où chaque nombre est la somme des deux nombres qui le précèdent) est utilisée pour estimer la taille des tâches en développement de logiciels ; la plupart des nombres sont retirés pour que les ingénieurs et chefs de produit soient débarrassés d'une abondance de choix superflue.

Quant aux tailles que vous choisissez, il y a plusieurs facteurs à prendre en compte. Si vous avez du mal à rester concentré pendant de longues périodes, optez pour des boîtes de plus petite taille. Si votre travail a naturellement tendance à s'étirer dans le temps, prenez ce cap. Les paramètres par défaut de votre agenda numérique peuvent aussi vous inciter, pour des raisons pratiques et logistiques, à opter pour des boîtes de 25 minutes au lieu de 20 minutes, par exemple ; l'idée n'est pas de perdre du temps à ajuster systématiquement vos boîtes dans votre agenda.

En ce qui me concerne, mes boîtes de temps sont de 15, 30 ou 60 minutes. Trois options : petite, moyenne ou grande. Si une tâche est inférieure à 15 minutes, j'estime qu'elle est trop petite (la timeboxer devient un effort contre-productif) et je la regroupe avec d'autres petites tâches pour former une boîte de temps plus grande et rentable (comme nous l'avons vu dans le chapitre précédent). Quant aux tâches qui risquent de prendre plus d'une heure, je préfère les décomposer en plus petits morceaux. Ma boîte de temps par défaut est celle de 30 minutes. Notez qu'une session Pomodoro dure 25 minutes et que les durées par défaut dans les agendas Google et Microsoft (à l'heure où j'écris ces lignes) sont respectivement de 25 et 30 minutes. L'expérience semble parler d'elle-même et un certain consensus apparaît sur la durée idéale.

•••

Lancez-vous. La taille de vos boîtes de temps ne sera pas parfaite dès le début, alors attendez-vous à vous tromper et à rectifier. Si vous surestimez ou sous-estimez la durée de certaines tâches et que vous vous en rendez compte assez tôt, vous pouvez vous adapter (par exemple, en prenant quelques raccourcis pour aller plus vite ou en ralentissant pour mieux vous concentrer). C'est l'une des caractéristiques clés du timeboxing (voir chapitre 16). Souvenez-vous : le but d'une boîte de temps est de produire quelque chose à un niveau de qualité acceptable ; ce niveau peut être augmenté ou abaissé. Pour la plupart des tâches, il n'existe pas de données objectives sur le temps qu'elles devraient prendre. La flexibilité est une notion essentielle au timeboxing.

RÉCAPITULATIF

- L'estimation de la durée des tâches est une étape nécessaire du timeboxing qui n'est pas aussi difficile qu'on pourrait le croire.
- Faites attention au biais de planification (qui nous incite à sous-estimer l'effet des contretemps) en puisant dans votre expérience.
- Nous pouvons développer notre notion du temps en observant nos activités et le temps qu'elles nous prennent.
- Optez pour trois tailles de boîtes – petite, moyenne et grande – et tenez-vous-y. Je recommande des boîtes de 15, 30 et 60 minutes.

RÉFLEXION

- Dressez une liste d'activités fréquentes dans votre vie et estimez leur durée.
- Trouvez maintenant un moyen de chronométrer ces activités. Le résultat vous surprend-il ? Quelles mesures pourriez-vous prendre pour être plus efficace ?
- Combien de temps vous faudra-t-il pour lire le chapitre suivant ? Chronométrez-vous. Le résultat est-il conforme à la durée de lecture estimée ?

13

CLASSEMENT DES BOÎTES

> *Vouloir demande autant d'énergie que planifier.*
>
> Eleanor Roosevelt

Mots-clés	Séquence, séries, ordre, priorité, énergie, stress latent, prendre le taureau par les cornes
Nombre de mots	3 093
Temps de lecture	11 minutes

Vous avez sélectionné vos tâches, vous avez créé vos boîtes de temps et vous avez estimé leur durée. Où les placer maintenant dans votre agenda ?

Bien entendu, dans la réalité dans laquelle nous vivons, faite de contraintes et complications, rien n'est jamais aussi simple. Avant d'en arriver là, vous aurez peut-être choisi la tâche, inséré sa description, modifié sa description, vous l'aurez classée, puis déplacée, vous aurez réestimé sa taille ou procédé à toutes sortes de modifications en rafales. Néanmoins, la question « *où* placer la boîte de temps dans l'agenda » finira par se poser, *en général* une fois que la boîte a été créée et qu'une durée lui a été attribuée.

Vous aurez déjà une idée des tâches à traiter en premier si vous avez trié et classé votre to-do list. Ce classement a souvent besoin d'un remaniement : du jour au lendemain, votre patron vous a relancé pour obtenir une réponse ; de nouvelles prévisions météorologiques annoncent de la pluie et vous contraignent à annuler un événement en extérieur ; vous vous êtes souvenu que quelqu'un attend que vous réalisiez une tâche en bas de liste, etc. Le classement des éléments de votre to-do list par ordre de priorité n'est qu'une approximation du classement de vos boîtes de temps.

À l'heure où de plus en plus de gens jouissent de davantage de flexibilité au travail (en matière d'heures et de lieu de travail), nous avons plus de choix dans ce que nous devons faire et quand – et donc dans l'emplacement de nos boîtes de temps. Il y a quatre facteurs à prendre en compte dans le classement de vos boîtes : les engagements préexistants, les relations de dépendance, la psychologie et l'énergie.

LES ENGAGEMENTS PRÉEXISTANTS

Dans un premier temps, il y a les engagements préexistants dans votre agenda, dont une grande partie risque d'être des réunions.

Au départ, vous organiserez vos boîtes de temps autour de ces rendez-vous contraignants. Au fil des prochaines semaines, essayez de résister à cette dynamique en décidant d'abord où vous aimeriez placer vos boîtes de temps pour les tâches intentionnelles, et en organisant les réunions en dehors de ces créneaux. Évidemment, ça n'est pas toujours possible (un engagement bénévole fixe, un client inflexible, une collègue dans un fuseau horaire différent, un rendez-vous avec votre patron surchargé), mais en essayant de choisir vos emplacements, vous vous réappropriez votre capacité d'action pour vous sentir maître de votre travail et de votre vie. Pour ce faire, signalez aux autres que vous préférez éviter les réunions le vendredi après-midi, par exemple. Et le moyen le plus efficace de leur transmettre cette information est, bien sûr, de le marquer dans votre agenda à l'aide du timeboxing.

RELATIONS DE DÉPENDANCE

La majorité des tâches ne sont pas des entreprises isolées ; elles sont liées les unes aux autres. Cette relation prend souvent la forme d'une dépendance : réserver un logement avant les vacances, se préparer à une réunion, faire des recherches avant de se lancer dans la rédaction, répéter une présentation, échanger avec l'équipe avant de recruter, acheter un cadeau avant un anniversaire, etc. Et par conséquent, dès qu'il existe une relation de dépendance et un avant/après, l'ordre de vos boîtes de temps doit refléter cette situation. Il existe plusieurs types de dépendances.

Les décisions importantes

Les décisions à enjeux élevés dépendent d'informations pertinentes et de qualité. Celles-ci doivent inclure des données ainsi qu'une consultation avec les personnes concernées. Si vous le pouvez, essayez d'intégrer au moins une nuit de sommeil réparateur entre la collecte des informations et la prise de décision. Imaginons par exemple que vous cherchez à recruter une personne pour un poste crucial. Deux candidats sont au coude à coude. Rassemblez les descriptions de poste, les critères d'évaluation, les bilans d'entretien, les portfolios de réalisations soumis par les candidats et leurs profils en ligne, partagez toutes ces informations avec les personnes concernées, et accordez-leur une ou deux nuits de sommeil avant de vous retrouver tous ensemble pour en discuter et prendre une décision.

Pour résumer, cela signifie que vous devez créer une première boîte de temps pour la collecte et le partage des infos, et une autre, plus tard, pour la réunion consacrée à la prise de décision.

La préparation des réunions

Les réunions sont courantes. Du fait de leur volume et de leurs enjeux, il est important de les préparer. La différence entre une personne qui s'est préparée ne serait-ce que 5 minutes avant de prendre un appel professionnel et une personne qui arrive à l'improviste est palpable. La personne préparée est plus susceptible d'être à l'aise et de connaître les noms des autres participants, de savoir quand s'est tenue la dernière réunion, de faire référence aux mesures prises lors du dernier appel et d'avoir une meilleure idée de l'objectif. Les gens ont tendance à être encore moins bien préparés pour les réunions récurrentes qui, au bout d'un certain temps, perdent un peu de leur éclat. Mais les réunions récurrentes sont fréquentes pour une raison – parce qu'il existe un enjeu continu qui exige l'attention répétée du groupe.

Évitez cette fâcheuse tendance à négliger ces réunions en insérant une boîte de temps récurrente quelques heures ou un jour avant l'événement (c'est particulièrement efficace pour les événements annuels souvent oubliés, comme les anniversaires).

Rares sont ceux qui se présentent aux réunions totalement préparés, et en adoptant cette habitude grâce au timeboxing, vous vous démarquerez des autres. Vous deviendrez un collègue, un ami, une sœur ou un frère plus performant et plus fiable. Le timeboxing favorise systématiquement une approche prévoyante.

Pensez aussi à vous préparer pour vos rendez-vous non professionnels. Vous avez prévu de passer voir votre belle-mère. Vous vous êtes engagé à boire le thé chez votre voisine âgée. Vous avez promis de passer du temps à dessiner avec votre fille de 8 ans ce soir. Vous êtes-vous préparé à ces rendez-vous ? Une boîte de temps préparatoire de 15 minutes durant laquelle vous listez tout ce qui pourrait faire plaisir à un proche lors de votre prochaine interaction pourrait bien être la meilleure chose que vous fassiez de toute l'année. Ces occasions sont fugaces. Gardez à l'esprit les regrets exprimés par les personnes en fin de vie, listés au chapitre 8 (« Pour une vie plus intentionnelle »).

Les dépendances liées à la collaboration

Imaginez que quelqu'un attende quelque chose de vous. Partant du principe que vous êtes prêt à répondre à cette sollicitation, demandez à cette personne quand elle aura besoin de cette information, créez une boîte de temps entre le moment présent et cette date butoir, et dites-lui que vous avez dégagé un créneau pour elle et quand. Elle vous en sera très reconnaissante. Imaginons que vous avez besoin de quelque chose de la part d'une autre personne. Précisez quand vous en avez besoin et demandez-lui *quand* elle a l'intention de le faire. Cette demande peut vous sembler directe et vous mettre mal à l'aise, mais elle est parfaitement raisonnable et vous permet de tirer le meilleur parti du timeboxing collaboratif. Vous ne pourrez probablement pas influencer toute votre entreprise, mais vous pourrez peut-être influencer votre famille ou votre équipe.

Les dépendances légères

Deux événements ou tâches peuvent être liés sans qu'il y ait pour autant de dépendance forte entre les deux. Par exemple, il est *préférable* d'avoir ce rendez-vous en tête-à-tête avec votre collègue avant de rédiger son évaluation ; de recevoir vos chaussures de course avant d'aller à la salle de sport ; d'avoir lu ce rapport sur la durabilité dans le commerce avant de déjeuner avec votre patron soucieux de l'environnement. Dans ces cas de figure, vos boîtes de temps consacrées à la préparation et à l'événement en soi doivent être conçues avec autant de soin que s'il s'agissait d'une dépendance forte. Les liens entre les informations, les événements, les individus et les tâches sont riches et complexes, et c'est ce qui fait de la vie une expérience intéressante, et du timeboxing, un art. En sélectionnant, préparant et classant vos activités, vous devenez l'architecte légitime de votre expérience consciente.

Les rappels

J'ai beau chercher, je ne vois pas de meilleur moyen de me souvenir au bon moment d'un élément mineur que d'insérer une boîte à cet effet dans mon agenda. C'est particulièrement utile pour les tâches non vitales, qui risquent autrement de passer à la trappe. Imaginons qu'un ami doit passer un entretien vendredi prochain et que vous voulez lui souhaiter bonne chance ce matin-là. Comment vous assurer que vous le ferez ? Vous pouvez espérer vous en souvenir, ce qui fonctionne de temps à autre. Vous pouvez l'ajouter à votre to-do list, mais que se passera-t-il si vous ne la consultez pas avant vendredi ? Vous pouvez programmer une alerte sur votre smartphone, mais c'est une tâche administrative supplémentaire qui s'ajoute à la gestion de votre agenda.

Il est bien plus simple d'ajouter une petite boîte de temps dans votre agenda pour le vendredi matin. Le succès est alors pratiquement assuré, et votre gentille attention devrait insuffler du courage à votre ami avant ce rendez-vous stressant. Le timeboxing garantit que la tâche est traitée au bon moment (là où une to-do list garantit seulement qu'elle sera traitée *à un moment donné*). Notez par ailleurs que ce genre de rappel concerne un événement (dans ce cas précis, l'entretien d'embauche de quelqu'un d'autre) que vous n'incluez pas dans votre timeboxing pour vous-même ; il existe une dépendance avec quelque chose *en dehors* de votre agenda, en dehors de votre monde immédiat.

Les dates butoirs auto-imposées

La date butoir est un élément essentiel de toute tâche. Une tâche sans date butoir est incomplète, comme une réunion sans heure de fin. Cette date butoir doit être clairement communiquée pour pouvoir timeboxer correctement ; sans compréhension du niveau d'urgence, impossible de classer nos boîtes de temps, de trier par ordre de priorité. Néanmoins, certaines activités n'ont pas d'urgence spécifique. Il s'agit souvent des projets non collaboratifs, comme la lecture, l'apprentissage ou les moments de jeu avec vos enfants. Dans ces cas-là, vous devez *imposer* une contrainte. Combien de temps souhaitez-vous consacrer à ces activités et à quelle fréquence dans votre vie ? Insérez ensuite ces boîtes dans votre agenda en fonction de vos réponses. Grâce au timeboxing, ces tâches généralement négligées – importantes sans être urgentes – obtiennent enfin l'attention qu'elles méritent.

Un agenda timeboxé fournit une visualisation parfaite et pratique de tous ces types de dépendance. Vous pouvez voir la tâche ultérieure (qui, paradoxalement, a tendance à trouver sa place dans l'agenda en premier) et déterminer si elle appelle une tâche préalable, et décider de l'intervalle optimal entre les deux.

Visualisation de 3 relations de dépendance

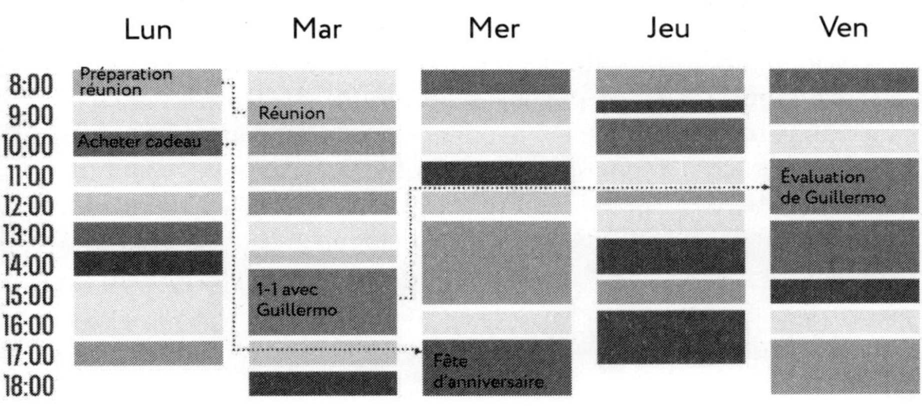

PSYCHOLOGIE

De nombreuses méthodes de productivité recommandent de commencer par le plus dur. Diverses expressions reflètent cette idée : prendre le taureau par les cornes, arracher le pansement, etc. Mais l'approche opposée existe aussi, qui consiste à prendre de l'élan au fil de la journée en commençant par se débarrasser des petites tâches.

Pour ma part, je préfère m'attaquer d'abord aux tâches les plus grosses, les plus dures et les plus intimidantes. J'aime me dire que ma journée sera ensuite de plus en plus facile, et que je suis stressé le moins longtemps possible. Les études scientifiques[1] à ce sujet sont partagées, mais dans l'ensemble, elles ont tendance à privilégier cette approche. À vous d'évaluer les arguments de chaque méthode et de décider celle qui vous convient le plus.

ÉNERGIE

Votre niveau d'énergie est un autre facteur à prendre en compte. Certains spécialistes préfèrent même parler de gestion d'énergie plutôt que de gestion du temps.

Une façon généralisée et clichée de penser au niveau d'énergie est de considérer la dichotomie des lève-tôt et des couche-tard. Chacun d'entre nous vit selon un rythme circadien, un taux de production hormonale et un métabolisme qui lui sont propres. Avez-vous tendance à vous réveiller tôt ? Êtes-vous instantanément opérationnel ? Appréciez-vous la tranquillité (pas de bruit, pas d'appels, pas de notifications, pas de *risque* de notifications) de l'aube ? Si c'est le cas, votre agenda aura tendance à se remplir le matin et vous devriez être en mesure de faire plus

1. « Why You Should Skip the Easy Wins and Tackle the Hard Task First », KelloggInsight, 2019, https://insight.kellogg.northwestern.edu/article/easy-or-hard-tasks-first.

au saut du lit. Et vice-versa, bien sûr. Notez toutefois que les lève-tôt jouissent de quelques avantages. Le taux de mortalité des couche-tard est légèrement plus élevé[2] et la société est davantage structurée autour des lève-tôt. Si vous avez le choix (et c'est le cas pour environ 80 % d'entre nous[3]), soyez matinal.

L'énergie est aussi une question d'humeur. Êtes-vous prêt à vous retrousser les manches, à mettre votre casque sur vos oreilles et à vous attaquer à une avalanche de tâches monotones ? Ou préférez-vous les projets créatifs ? Avez-vous envie d'interactions sociales ou plutôt d'une journée tranquille ? Comprendre le genre de travail adapté à tel ou tel niveau d'énergie est une vraie compétence – une compétence que Steve Jobs trouvait visiblement importante[4]. Certaines activités – faire du sport, méditer, prendre l'air, prendre une douche froide, faire une pause – peuvent booster votre énergie, même momentanément. N'oubliez donc pas d'insérer de manière stratégique des boîtes de temps pour faire le plein d'énergie lorsque c'est nécessaire. Le plus important est de ne pas placer des tâches difficiles sur les plans psychologique ou émotionnel à un moment où vous risquez d'être épuisé, par exemple après une longue réunion, une prise de parole en public, une journée éreintante, etc.

Vous pouvez, et vous devriez, suivre et manipuler votre niveau d'énergie de temps à autre. Faites régulièrement le point. Comment est-ce que je me sens ? Mon niveau d'énergie est-il élevé ou faible ? Est-il en hausse ou sur le déclin ? Procédez ensuite aux interventions nécessaires : buvez (café, thé, eau), méditez, respirez, bougez, faites une pause, marchez.

---

2. Mark Lieber, « Night Owls Have 10% Higher Mortality Risk », CNN Health, 2018, https://edition.cnn.com/2018/04/12/health/night-owl-mortality-risk-study/index.html.
3. Carolyn Schur, « Night Owls », Alert@Work, 2023, https:/alertatwork.com/percentage-of-night-owls-early-birds-and-intermediates-in-the-general-population.
4. Courtney Connley, « The simple trick Steve Jobs followed to be "most productive" », CNBC Make It, 2021, https://www.cnbc.com/2021/05/27/steve-jobs-former-assistant-on-what-he-did-to-be-most-productive.html.

ET VOILÀ !

Votre formation initiale pour composer une journée entièrement timeboxée est maintenant terminée. Le jour où j'ai écrit le premier jet de ce chapitre, mon propre agenda ressemblait à ceci :

JEUDI 20 JUILLET

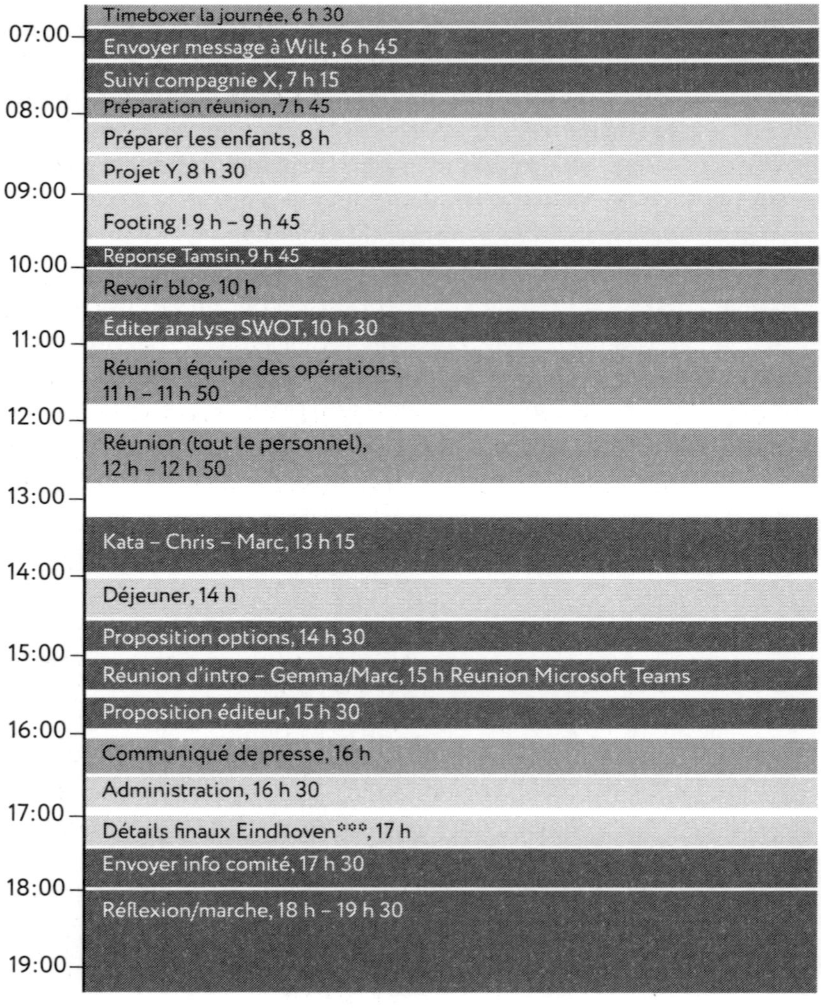

Certaines personnes sont horrifiées quand elles voient pour la première fois un agenda entièrement timeboxé. À leurs yeux, c'est un vrai cauchemar. En réalité, un agenda intégralement timeboxé n'est pas un cauchemar : c'est la seule solution pour échapper au cauchemar. L'emploi du temps ci-dessus est très chargé (et toutes mes journées ne lui ressemblent pas). Mais chaque créneau ne comprenait qu'une seule chose. C'est là toute la puissance de faire une seule chose à la fois.

Quand vous aurez créé vos boîtes de temps, que vous aurez estimé leur taille et que vous les aurez classées pour la journée, prenez un moment. Contemplez la journée que vous venez de planifier. Admirez-la. Et si tout ce que vous avez planifié se déroule comme prévu (et souvenez-vous, c'est très probable), vous aurez passé une bonne journée.

•••

L'ordre de vos boîtes de temps est important. Elles doivent être classées de manière logique et en tenant compte de votre personnalité, de votre psychologie et de votre énergie. Mais ne vous tracassez pas trop non plus : rien n'est gravé dans le marbre. En ce qui me concerne, je déplace une ou deux boîtes de temps au cours de la journée, à mesure que les priorités changent et au gré des aléas de la vie. Ça n'est pas un problème ; la manœuvre ne prend que quelques secondes, et elle fait partie du processus.

RÉCAPITULATIF

- Après avoir sélectionné vos tâches et avoir estimé leur durée, vous devez décider où les placer dans votre agenda.
- Il y a quatre facteurs à prendre en compte pour les intégrer à votre agenda : les engagements préexistants, les relations de dépendance, la psychologie et l'énergie.
- Les boîtes de temps peuvent être adaptées à mesure que les priorités évoluent, mais cela doit être une exception, et non la règle.

RÉFLEXION

- Préférez-vous commencer par le plus difficile ou le garder pour la fin ? Avez-vous essayé les deux approches ?
- Qu'avez-vous le plus de mal à comprendre : comment créer une boîte de temps, comment estimer sa taille ou comment choisir où la placer ?
- Pensez à un proche que vous aimez. De quoi aime-t-il vous parler ? De quoi aimez-vous lui parler ? Dressez une liste de cinq sujets de discussion, notez-les dans votre smartphone, et créez une boîte de temps pour revoir ces notes juste avant (relation de dépendance !) de rencontrer cette personne.

Partie III

FAIRE

La troisième partie vous explique comment tirer le meilleur parti de la méthode pendant le déroulement des activités de vos boîtes de temps. Lancez-vous, progressez rapidement, produisez quelque chose de tangible et restez concentré sur la tâche en cours malgré les nombreuses distractions qui viennent vous perturber.

14

CE CHAPITRE

> *Cette fable est ton histoire.*
>
> Horace

Mots-clés	Apprendre par la pratique, application, immersion, observation
Nombre de mots	1 290
Temps de lecture	6 minutes

Prenez l'habitude du timeboxing dès maintenant, au cours des prochaines secondes. Comment, me direz-vous ? Vous êtes occupé, puisque vous lisez un livre. Pas de problème.

Vous allez timeboxer la lecture du chapitre 14 (« Ce chapitre »). Même si cette boîte de temps ne suit pas la méthode standard (elle n'est pas issue de votre to-do list), l'expérience qu'elle vous procurera suffira à consolider ce que vous avez appris jusque-là et donnera du sens aux chapitres suivants.

Premièrement, comme expliqué dans les trois chapitres précédents, vous allez devoir créer votre boîte de temps, estimer sa taille et la placer dans votre agenda. Ce chapitre se compose de 1 290 mots, et sa lecture devrait vous prendre 6 minutes. Mais puisque vous ferez certainement une ou deux pauses pour réfléchir à ce que vous lisez et qu'un exercice vous attend au milieu de ce chapitre, attribuons-lui une boîte de temps de 15 minutes. Quelle heure est-il chez vous ? La boîte de temps « Lire chapitre 14 » commence maintenant et s'achève dans 15 minutes. Vous venez de créer votre boîte de temps, d'estimer sa taille et de la placer ; la planification est terminée. Vous êtes désormais prêt à franchir une ligne importante et hypothétique, et à pénétrer dans la boîte en elle-même.

Voilà, vous êtes dedans. Dans la boîte de temps. Vous pratiquez le timeboxing. Vous avez ainsi atteint l'un de vos objectifs en sélectionnant ce livre – comme je l'ai fait en l'écrivant.

Mettez tout le reste de côté. Il est crucial de vous concentrer sur la suite du chapitre au cours des prochaines minutes.

VOUS FAITES DÉSORMAIS PARTIE DE L'HISTOIRE

L'Histoire sans fin, *L'Infinie Comédie*, *Si par une nuit d'hiver un voyageur*, le genre des « livres dont vous êtes le héros » et d'autres œuvres littéraires et cinématographiques insèrent volontairement le lecteur dans le récit pour l'envoûter et le distraire. Sans aller jusque-là, j'espère au moins que vous vous sentez impliqué.

APPRENEZ PAR LA PRATIQUE

Si j'ai choisi une approche immersive pour ce chapitre, c'est parce que nous apprenons davantage en pratiquant. Plus précisément, nous apprenons mieux en alliant la théorie et la pratique.

Dans le domaine de l'éducation pour adultes, il existe une théorie d'apprentissage appelée 70/20/10. Elle affirme que 70 % de notre apprentissage découle d'expériences professionnelles, 20 % résultent d'interactions avec des collègues et 10 % proviennent de la formation à proprement parler. Ces chiffres ne sont pas précis – ça n'est pas leur but – et ils n'ont pas beaucoup d'importance. Ce qui compte, c'est l'idée sous-jacente, largement acceptée, selon laquelle la majorité des connexions neuronales dans notre cerveau ont lieu pendant l'*application de la théorie*.

Alors, lancez-vous dans le timeboxing ; ne vous contentez pas de lire sur le sujet. Vous avez certainement intégré à présent la portée de l'expérience.

COMMENCEZ PAR DE PETITES BOÎTES DE TEMPS

Nous avons commencé modestement. Il s'agit de lire un seul chapitre court, et vous avez déjà réalisé un tiers du parcours.

Pour les prochaines boîtes de temps que vous créerez après celle-ci, je vous conseille d'opter pour des tâches de taille similaire, qui restent gérables. Réfléchissez maintenant – oui, pendant que vous êtes encore dans cette boîte de temps dédiée au chapitre 14 – à quelques boîtes de temps simples pour la suite. Voici quelques idées :

- Avez-vous quelques tâches agaçantes en attente que vous pourriez regrouper en une seule boîte de temps de 15 minutes ? En quoi consistent-elles ? Placez-les en haut de votre to-do list. Mieux encore, créez la boîte qui permettra de les réaliser.
- Avez-vous des réunions importantes prévues la semaine prochaine ? Choisissez-en une et créez une boîte de temps de 15 ou 30 minutes pour vous organiser. Ou allez plus loin et trouvez une réunion majeure et récurrente, et créez un événement récurrent pour vous y préparer quelques jours ou quelques heures avant.
- Pourriez-vous timeboxer un après-midi entier ? Si aujourd'hui est un mardi et que votre jeudi après-midi est relativement libre, réalisez dès maintenant le timeboxing de cette période. Et cela pourrait même devenir une habitude en soi – vous pourriez timeboxer votre jeudi après-midi tous les mardis. Insérez cette activité comme événement récurrent hebdomadaire.
- Lancez-vous un défi. Planifiez et engagez-vous à réaliser quelques boîtes de temps chaque jour pendant une semaine. Par exemple, lire les dix chapitres restants de ce livre. Pourriez-vous étendre ce défi sur un mois ?

Quelle que soit l'approche que vous choisissez pour vous engager dans le timeboxing, arrêtez votre lecture maintenant, examinez votre to-do list, et prenez quelques minutes pour ajouter une poignée de petites boîtes de temps dans votre agenda avant de poursuivre votre lecture de ce chapitre.

QUE REMARQUEZ-VOUS ?

Si le timeboxing de ce chapitre se déroule comme prévu, vous devriez avoir envisagé votre rôle de protagoniste, accepté l'idée d'apprendre par la pratique, posé le livre, ajouté une boîte de temps à votre agenda, repris le livre, et il devrait vous rester encore 5 minutes dans cette boîte de temps. Si ce scénario vous correspond, bravo, vous avez de la chance, vous êtes un timeboxeur né.

Si ça n'est pas le cas, aucun problème : c'est l'occasion idéale pour analyser la situation. Qu'est-ce qui vous a détourné du droit chemin ? Essayez de remonter la chaîne. Par exemple, avez-vous été interrompu ? Par quoi ? Était-ce une distraction externe ou des pensées internes ? Êtes-vous sûr qu'il s'agissait bien de ça ? Ou aviez-vous déjà perdu votre concentration avant ? La distraction aurait-elle pu être évitée ? Comment pourriez-vous l'éviter à l'avenir ? Nous examinerons de plus près ces questions dans le chapitre 18 (« Spirales et autres distractions »).

•••

Vous approchez maintenant de la fin de votre boîte de temps. Prenez une profonde inspiration et reprenez conscience de ce qui vous entoure et des autres responsabilités de votre journée. Faites le point sur les bienfaits de cette pratique et gardez ce sentiment de calme, de clarté et de productivité avec vous tout au long de la journée. Souvenez-vous que vous pouvez retrouver cet état de paix pragmatique et de productivité à tout moment. Remerciez-vous d'avoir décidé d'utiliser votre temps avec intention.

Félicitations ! Bien évidemment, votre pratique sera de plus en plus efficace au fil du temps et après avoir lu comment vous approprier le timeboxing. Grâce à l'expérience que vous avez acquise ces 15 dernières minutes, les pages suivantes devraient vous parler encore plus.

RÉCAPITULATIF

- Ce chapitre prend la forme d'un exercice de timeboxing pour vous aider à pratiquer tout en lisant.
- Le timeboxing peut s'apprendre plus vite en alliant la théorie et la pratique.
- Commencez modestement pour mieux intégrer la méthode.

RÉFLEXION

- Avez-vous timeboxé ce chapitre ? Si vous ne l'avez pas fait, pourquoi ? Et quelle est la prochaine (petite tâche) que vous allez timeboxer ?
- Si quelque chose a détourné votre attention pendant la lecture de ce chapitre (ce qui sera le cas de 99 % des lecteurs et lectrices), servez-vous de cette distraction pour répondre aux questions de la section « Que remarquez-vous ? ».
- La méthode d'apprentissage par la pratique revendiquée dans ce livre fonctionne-t-elle pour vous ? Si vous ressentez une certaine réticence, d'où vient-elle ? Quels ajustements pourraient vous aider à vous mettre au timeboxing à la prochaine suggestion ?

15

DÉBUT, MILIEU, FIN

> *Un tout est ce qui a un commencement, un milieu et une fin.*
>
> Aristote

Mots-clés	Long milieu, démarrage rapide, ponctualité, sérieux, anti-procrastination, petites actions, état de *flow*
Nombre de mots	1 384
Temps de lecture	5 minutes

Vous devriez désormais avoir pratiqué le timeboxing au moins une fois. Mais comment le faire mieux ? Qu'est-ce qu'une bonne pratique du timeboxing, simple et directe ?

Bien entendu, le début d'une boîte de temps n'est pas le début du processus. Avant que le créneau fixé pour votre boîte de temps commence, vous l'avez déjà planifié et, avant cela, vous avez peut-être réfléchi à la tâche quand elle n'était encore qu'une vague idée dans votre to-do list. L'important est de ne pas démarrer votre boîte de temps à froid. La méthode et l'état d'esprit du timeboxing favorisent la mise en marche cognitive préalable qui vous aidera à exécuter avec assurance les tâches que vous avez planifiées.

Gardez à l'esprit votre expérience du chapitre précédent en tant que protagoniste en vous lançant dans celui-ci. Souvenez-vous de ce que vous avez ressenti au début, au milieu et à la fin, et vous commencerez à créer votre propre version du timeboxing.

DÉBUT

Les étapes citées dans le chapitre 9 (« Les bases ») pour préparer votre environnement s'appliquent aussi ici. En effet, le risque de distraction est bien plus fort quand vous mettez en œuvre une boîte de temps d'« action » que quand vous en réalisez une plus courte de « planification ».

Commencez à l'heure. Démarrer en retard peut avoir plusieurs conséquences néfastes. Vous aurez moins de temps pour effectuer la tâche, vous ne finirez peut-être pas dans les délais impartis et, pire encore, vous pourriez en sortir découragé de la pratique du timeboxing. Bien sûr, il vous arrivera parfois de commencer en retard. Mais « parfois » doit ressembler davantage à une fois sur dix qu'à une fois sur deux.

Être conscient de vos heures de début (et de fin) est utile. Pour ce faire, choisissez des unités de temps familières (au quart d'heure, à la demi-heure, à l'heure exacte) plutôt que des horaires vagues et changeants (7 h 03, 12 h 19, 16 h 43, etc.) qui alourdiront votre charge cognitive. Facilitez-vous la vie.

La procrastination a tendance à s'immiscer après un départ rapide. La question a fait couler beaucoup d'encre, mais je me contenterai de vous proposer une solution pragmatique qui fonctionne pour moi et pour tant d'autres. Quand vous êtes confronté à une tâche et que vous sentez l'inertie de la procrastination, identifiez la plus petite action à prendre pour démarrer votre activité. Il peut s'agir d'ouvrir un dossier, de lire un e-mail ou de regarder un terme inconnu dans le dictionnaire. Ou encore quelque chose d'aussi simple que de prendre en main votre stylo ! Pour moi, la première petite tâche consiste souvent à ouvrir mes notes personnelles (dans un fichier Google Docs, que je maintiens à jour pour toute l'année) et à dresser une liste de choses qui formeront bientôt la tâche.

Cette première petite action physique – qui démarre le moteur neuronal – entraîne toute une chaîne de processus physiologiques conduisant à l'action et à la réalisation de la tâche. Voici quelques exemples d'actions immédiates pour surmonter la procrastination :

Tâche	Actions de démarrage
Laver la voiture	– chercher le seau – démêler le tuyau d'arrosage – trouver le produit nettoyant – chercher les clés de la voiture pour la déplacer (à l'ombre)
Relire un billet de blog	– rouvrir le message contenant cette demande – lire rapidement l'article – chercher le blog – envoyer un message à l'auteur ou au collègue du marketing pour lui indiquer que la tâche est insérée dans une boîte de temps et lui préciser quand elle sera réalisée

Tâche	Actions de démarrage
Vérifier quelques factures	– ouvrir Microsoft Excel – ouvrir la facture la plus facile à trouver
Réserver des vacances	– dresser une liste des destinations possibles et la partager avec des amis/membres de la famille pour avoir leur avis – chercher « types de vacances » dans Google
Répondre à un e-mail difficile	– vous demander pourquoi la personne l'a envoyé – l'ouvrir et le relire, même si c'est désagréable – écrire les trois choses que vous voulez dire dans votre réponse

Ne remettez pas en question la légitimité de votre boîte de temps. Vous y avez déjà réfléchi et vous l'avez planifiée. Et n'oubliez pas, ce débat interne n'est rien d'autre que votre inconscient qui se rebelle face à cette tâche difficile, et néanmoins importante et nécessaire. Et ce débat est sans fin : remplacez la tâche choisie par une autre, et la même envie de la repousser surviendra. Mieux vaut suivre un système qui, sur le long terme, vous incitera à faire les choses que vous devez impérativement faire. Faites confiance au processus.

MILIEU

Attention au long milieu. Si une tâche est barbante, trop longue, ou si elle sape votre énergie, le risque de ne pas la terminer dans les délais de votre boîte est bien plus élevé. Pour y remédier, faites en sorte que le milieu de cette activité soit court, en gardant toutes vos boîtes de temps courtes. Même si les miennes font 15, 30 et

60 minutes, je n'utilise la plus longue que pour de rares occasions, quand je sais que je dois me plonger dans le travail profond pendant un certain temps.

Dans l'idéal, vous aurez atteint un état de *flow* (le concept de Csíkszentmihályi) quand vous arriverez au milieu de votre tâche. Ce mystérieux état psychologique est, par définition, subjectif et difficile à décrire. Mais on l'associe généralement à un important niveau de concentration et de contrôle, à un flottement de la conscience de soi, à un sentiment intrinsèque de satisfaction et à une modification de la perception du temps.

Ces caractéristiques ne signifient pas une perte totale de la notion du temps (ce qui serait problématique pour la pratique du timeboxing). Il est tout à fait possible d'être dans un état de *flow* tout en ayant conscience du temps qui passe et de l'importance de vérifier régulièrement l'heure. Le temps peut sembler différent mais être activement géré pendant un état de *flow*.

FIN

Finissez également à l'heure. Autrement, les conséquences indésirables sont les mêmes que si vous ne démarrez pas à temps. Nous verrons dans le chapitre suivant comment accélérer lorsque c'est nécessaire.

Terminez sur quelque chose d'agréable. Quand vous avez réussi à accomplir une tâche, suivez une petite routine de célébration : cochez un élément sur la liste, changez la couleur de la boîte de temps, ajoutez un émoji *check* (✓) à côté de la tâche, ou admirez simplement votre agenda et toutes ses boîtes de temps que vous avez respectées. Vous pouvez aussi célébrer vos efforts de manière plus concrète et sociale en partageant le résultat avec une autre personne qui pourrait y voir une utilité. Passez le relais du progrès à quelqu'un d'autre et préservez la dynamique collaborative.

•••

Avec de la pratique, votre timeboxing se déroulera correctement : au début, à la fin et entre les deux.

RÉCAPITULATIF

- Le timeboxing commence bien avant l'heure de la boîte de temps, lors de la séance de planification préalable.
- Commencez bien : à temps et dans le bon environnement.
- Quand le besoin de procrastiner se fait sentir, identifiez la première petite action à enclencher pour démarrer.
- Ne remettez pas en question la légitimité de votre boîte de temps. Lancez-vous.
- Raccourcissez le milieu de votre boîte de temps en introduisant des objectifs plus fréquents.
- Essayez d'atteindre un état de *flow* en trouvant le juste équilibre – la tâche ne doit être ni trop facile ni trop difficile.
- Finissez à temps et célébrez l'accomplissement de la tâche.

RÉFLEXION

- Avancez-vous bien sur une tâche ? Qu'est-ce qui vous freine ? Que pouvez-vous faire pour surmonter ces problèmes ou atténuer leur effet ?
- Repensez à la dernière fois que vous vous êtes trouvé dans un état de *flow*. Quelles conditions vous ont permis de l'atteindre ? Comment pourriez-vous reproduire ces conditions pour les inclure dans votre vie professionnelle et privée ?
- Comment souhaitez-vous célébrer l'accomplissement d'une tâche ?

16

RYTHME ET ACCÉLÉRATION

> *Les délais doivent être respectés.*
>
> Droit contractuel anglais et gallois

Mots-clés	Le triangle de la gestion de projet, coût, délais, portée et qualité, innovation, checkpoints
Nombre de mots	1 960
Temps de lecture	7 minutes

J'ose espérer que vous êtes désormais assez investi dans le timeboxing. La planification et la mise en œuvre doivent fonctionner. Mais il peut arriver de prendre du retard et de manquer de temps pour réaliser la tâche. Le problème peut survenir quand quelque chose d'imprévu apparaît, quand le projet est plus difficile qu'anticipé, ou tout simplement quand on a perdu du temps. En s'y prenant assez tôt et en suivant un plan de secours adapté – expliqué ici –, cette objection courante au timeboxing est aisément réfutée.

Mais avant cela, repensez aux enseignements du chapitre 12 concernant l'estimation de la taille de vos boîtes et la façon de développer cette compétence. Au départ, estimer correctement la durée de vos activités n'est pas chose aisée. Mais ça n'est pas si difficile que ça non plus : lancez-vous, modifiez, gagnez en expérience, et très vite, vous estimerez 80 % de vos boîtes de temps en trouvant le juste équilibre entre challenge et faisabilité.

Ce chapitre concerne les 20 % restants, les situations dans lesquelles vous êtes en retard par rapport aux délais fixés.

BILAN DE MI-PARCOURS

Si vous connaissez les horaires de début et de fin de votre boîte, vous devriez intuitivement avoir une idée de votre avancée.

Mais ça n'est pas toujours suffisant. Ajoutez un bilan de mi-parcours. Ce point dans le temps doit être clair et évident, surtout si vous avez opté pour des horaires arrondis. Dans certains cas, il est aussi facile de savoir quand vous êtes à mi-chemin de la tâche elle-même (nombre de mots rédigés, de lignes de données mises à jour, de chemises repassées, de raviolis préparés). Dans d'autres, il n'est pas possible de mesurer vos progrès de manière linéaire : imaginer un nouveau slogan pour une marque, organiser des vacances pour un groupe d'amis, avancer dans votre projet de développement personnel. Pour ceux-ci, vous devrez compter sur votre intuition pour sentir quand vous êtes dans les temps. Vous pouvez aussi remanier la tâche de façon plus détaillée et numérique pour pouvoir la quantifier. Pour reprendre les exemples susmentionnés, cela donnerait : trouver six options de slogan, identifier dix sources d'information fiables sur les vacances, déterminer une trajectoire d'apprentissage en cinq points.

QUALITÉ, COÛT, DÉLAIS ET PORTÉE

Vous venez de vérifier votre progression à mi-parcours, et vous vous rendez compte que vous êtes à la traîne. Que faire ?

Inspirons-nous d'un concept issu de la gestion de projet. Celui-ci veut que dans tout projet (tâche), il existe un équilibre entre la qualité, le coût, les délais et la portée. Cette relation est représentée par le diagramme ci-dessous, appelé le triangle de la gestion de projet :

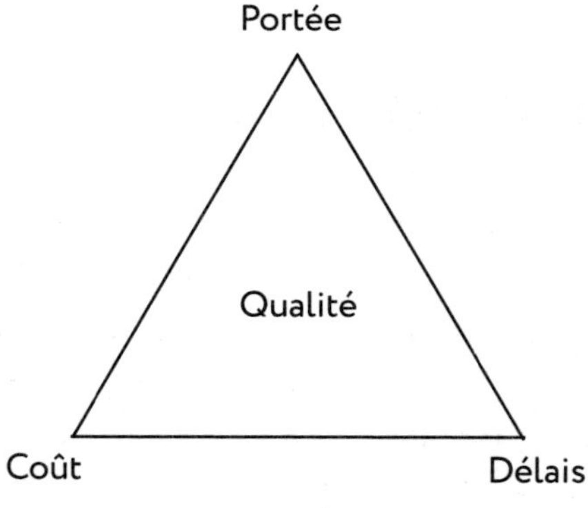

Il va falloir faire des compromis, et la bonne gestion de projet consiste justement à faire les bons pour satisfaire toutes les parties concernées. C'est un modèle simple, parfois considéré comme trop simpliste pour les dynamiques chaotiques du monde réel. Mais c'est idéal pour nous aider à gérer des boîtes de temps individuelles et relativement simples.

Le triangle nous fournit un cadre, une structure pour envisager les options qui se présentent à nous quand nous manquons de temps. Il y a cinq options, que nous allons explorer avec un exemple de tâche : étendre les vêtements propres quand le cycle de la machine à laver vient de finir.

Réduire la qualité

Autrement dit, accélérer. Aller plus vite ne veut pas dire paniquer. Nous pouvons nous presser de manière calculée. La plupart du temps, une réduction bien mesurée de la qualité permet de trouver le juste équilibre entre qualité et vitesse. *Étendre le linge rapidement pour faire sécher les vêtements, même s'ils seront peut-être un peu plus froissés que vous le voudriez.*

Réduire la portée

Autrement dit, faire moins. Certaines tâches possèdent des composantes qui peuvent être aisément détachées. Dans ces cas-là, débarrassez-vous simplement de ce qui est superflu et terminez à temps, comme prévu. *Sortir de la machine les vêtements dont vous ou votre famille avez le plus urgemment besoin (chez moi, c'est toujours le « gi », la tenue de jiujitsu brésilien).*

Rallonger le délai

Autrement dit, repousser la date butoir. Vous avez besoin de plus de temps, alors prenez-le – à condition qu'il n'y ait rien de crucial prévu après cette boîte de temps. Agrandir une boîte dans votre agenda ne prend que quelques secondes. *Prenez les 10 minutes supplémentaires dont vous avez besoin pour étendre correctement le linge.*

Augmenter le coût

Autrement dit, demander de l'aide. Le timeboxing est une méthode pour améliorer sa productivité personnelle, où le seul coût (d'importance) est le temps du timeboxeur. Vous ne pourrez que rarement régler votre problème de retard en ouvrant votre portefeuille (par exemple, en payant quelqu'un pour vous venir en aide). Mais c'est une option qui existe et qui est listée ici à des fins d'exhaustivité. *Demandez à un membre de votre famille de vous aider.*

OPTER POUR LA NOUVEAUTÉ

Autrement dit, innover. Refusez de sacrifier la qualité, la portée, le délai ou le coût ; trouvez une manière révolutionnaire de faire ce que vous avez à faire (comme le Fosbury-flop a bouleversé le saut en hauteur ; les Post-its sont devenus un nouvel aide-mémoire ; les code-barres ont totalement modifié la logistique ; l'iPhone a transformé notre monde). De manière moins glamour mais plus pragmatique, l'innovation peut prendre la forme d'un nouveau logiciel, d'une application ou d'une nouvelle formule Excel à utiliser, pour vous permettre de réaliser une tâche dans les délais impartis. C'est une excellente solution, alors soyez-y ouvert, mais attendez-vous à ce qu'elle soit plutôt l'exception que la règle. *Investissez dans un sèche-linge.*

Dans *Un rien peut tout changer* (*Atomic Habits*), James Clear privilégie clairement la réduction de la portée. L'un de ses mantras est le suivant : « Changez la portée, pas le programme. » Parmi les exemples qu'il donne, il préfère courir 2 km au lieu de 5 quand il a moins de temps que prévu. On pourrait aussi appliquer cette solution en cuisinant quelque chose de plus simple, en passant l'aspirateur dans une seule pièce au lieu de toute la maison, ou en lisant un seul article scientifique à la place des cinq qui ont été épinglés. En général, c'est une approche utile. Mais dans certaines situations, il est plus judicieux de réduire la qualité (accélérer) ou de rallonger le délai (modifier le programme). Pour reprendre le contexte de James Clear et imaginer une autre solution : c'est le week-end, vous êtes au début d'un programme d'entraînement au marathon et vous n'avez pas d'autres engagements ce jour-là. Dans ce cas, il est sûrement plus logique de vous octroyer quelques minutes supplémentaires (c'est-à-dire de rallonger le délai et de modifier le programme) plutôt que de raccourcir votre footing.

Le contexte a son importance, et c'est lui qui détermine la meilleure solution. Et dans notre monde complexe, la meilleure solution peut être une combinaison des options listées précédemment. À titre d'exemple, je prendrai l'une des sessions de rédaction de cette partie du livre. Comme vous vous en doutez, j'ai alloué des boîtes de temps assez grandes pour revoir et corriger ces cinq chapitres, et créé de plus petites boîtes pour chaque chapitre – certaines de 15 minutes et d'autres de 30. À un moment donné, j'ai pris du retard. Je m'en suis rendu compte. Mes options étaient donc : réduire la portée en traitant certains chapitres un autre jour ou réduire la qualité en adoptant une approche moins méticuleuse de l'écriture. À la place, j'ai agrandi mes boîtes de temps ; il me semblait plus adapté de rallonger le temps sans modifier les trois autres paramètres.

DE LA CORVÉE AU CHALLENGE

De nos jours, l'idée d'augmenter la vitesse de réalisation des tâches est plutôt mal vue. Les gens sont suffisamment éreintés par le travail – nous devrions alléger leur fardeau, pas leur mettre encore plus de pression. Je suis d'accord. La santé mentale doit être prise au sérieux, et le burnout a un impact considérable sur elle. Et l'un des avantages majeurs du timeboxing est d'éviter l'accumulation chaotique et épuisante. Mais je crois aussi que la vitesse peut être un challenge amusant, surtout quand le défi à relever est contre nous-mêmes.

Une limite de temps impliquant la nécessité d'accélérer peut être un facteur de motivation. Une corvée – disons, rédiger un texte de 100 mots – devient un challenge quand une limite de temps réaliste (par exemple, 15 minutes) y est ajoutée. La course contre la montre commence, l'adrénaline augmente et le résultat de cette épreuve sera nécessairement un succès ou un échec. Vous aurez peut-être compris que cette limite de temps contribue à créer certaines des conditions spécifiées par Csíkszentmihályi pour atteindre un état de *flow*. La différence, c'est un peu comme quand on vous demande de vous décrire dans une boîte de texte illimitée *vs* quand vous devez le faire en seulement sept mots (par exemple) ; les gens sont plus motivés par la deuxième version de la tâche et sont plus susceptibles de la mener à bien. Pour les tâches que vous exécutez régulièrement, vous pouvez viser un record personnel à battre : nombre de mots écrits en une heure, nombre d'e-mails traités en 30 minutes.

Et si vous prenez goût à la vitesse, vous bénéficierez en plus d'une autre récompense : une hausse de votre productivité.

•••

Si vous avez bien organisé vos boîtes de temps, vous n'aurez pas besoin d'intervenir pour les réaliser correctement et dans les temps. Mais si vous prenez du retard, prenez-en conscience en vérifiant l'avancée de votre travail à mi-parcours ; pour pouvoir régler un problème, il faut déjà pouvoir l'identifier. Rassurez-vous ensuite en considérant les options disponibles pour vous remettre dans le droit chemin. Quelle que soit la solution que vous choisissez, n'oubliez pas qu'il existe un énorme avantage (souvent sous-estimé) à partager votre travail avec le reste du monde – autrement dit, à présenter, à envoyer, à livrer quelque chose.

RÉCAPITULATIF

- Pour que le timeboxing fonctionne, nous devons respecter les délais fixés.
- Dans certains cas, nous devrons accélérer le rythme.
- Le succès repose en partie sur l'estimation de la taille de nos boîtes de temps.
- Les *checkpoints* à mi-parcours nous aident à respecter les délais.
- En cas de retard, nous pouvons : réduire la qualité, réduire la portée, rallonger le délai, augmenter le coût ou innover. Les trois premières options sont de loin les plus courantes et les plus judicieuses dans la plupart des situations.
- Fixer une limite de temps réaliste pour une tâche peut transformer une corvée en challenge, ce qui a pour effet de nous motiver.

RÉFLEXION

- Pensez à une situation dans laquelle vous manquiez de temps pour faire quelque chose. Quelle solution aurait été la plus efficace : portée, qualité ou temps ? Et pourquoi ?
- Savez-vous combien de temps il vous faut pour lire une page d'un livre ? Chronométrez-vous au chapitre suivant.
- Fixez des limites de temps pour plusieurs choses que vous ferez aujourd'hui. Habituez-vous à cette approche et maîtrisez-la. Quand vous amuse-t-elle et quand vous ennuie-t-elle ?

17

LIVRER QUELQUE CHOSE

> *Les vrais artistes terminent leurs œuvres.*
>
> Steve Jobs

Mots-clés	Livrer, partager, envoyer, dévoiler, lancer, satisfaction, suffisamment bon, partageable et utile
Nombre de mots	1 570
Temps de lecture	6 minutes

Vous avez produit quelque chose. Est-ce suffisamment bon ? Et quels seront l'interaction et l'effet de ce travail sur le reste du monde ? Ce chapitre se consacre à cette question.

Un mot sur la citation de Steve Jobs au début de ce chapitre. Quand il disait que les vrais artistes terminent leurs œuvres, ou produisent quelque chose, il faisait référence, en 1983, au matériel informatique (plus précisément, au Macintosh d'origine). Mais aujourd'hui, on peut utiliser cette image pour n'importe quel produit. Plus récemment, on l'utilise souvent dans le développement de logiciel, en parlant du moment où le produit est lancé pour les utilisateurs finaux. Je m'en sers ici pour démontrer qu'une tâche a surtout de la valeur quand son résultat est dévoilé.

SUFFISAMMENT BON = DIGNE D'ÊTRE PARTAGÉ

Dans le chapitre précédent, nous avons vu les différentes manières d'ajuster le rythme de la productivité pour réaliser une tâche. Parmi elles, la réduction de la portée, la réduction de la qualité et le rallongement du délai sont les plus courantes et les plus importantes. Le rallongement du délai se passe de toute autre explication ; si vous en avez besoin, si vous le pouvez, et s'il n'y a pas d'autre option, allez-y. Mais concernant la portée et la qualité, jusqu'où pouvons-nous aller sans que notre travail en souffre trop ?

La perfection n'est ni nécessaire ni possible. Elle est rarement utile, et dans bien des cas, la perfection (un système de classement parfaitement ordonné, un comptoir de cuisine immaculé, un texte sans aucune faute) n'est même pas remarquée par son public. Sans compter que les humains en sont, de toute manière, rarement capables. Alors, changeons notre objectif et visons un travail suffisamment bon – même les perfectionnistes qui se cachent parmi nous. Mais à quoi ressemble un résultat suffisamment bon ?

Pour point de repère, demandez-vous s'il est prêt à être partagé. La honte et la fierté sont des émotions primitives et puissantes qui régulent notre comportement en tant que créatures sociales. La responsabilité est un concept plus contemporain qui mène à une conclusion similaire. Compte tenu de notre profonde aversion pour le ridicule, on peut conclure que si nous sommes prêts à partager quelque chose avec d'autres personnes, c'est que le résultat est suffisamment bon.

Il doit être utile, ce qui signifie que, bien qu'imparfait, il doit être *terminé sur le plan fonctionnel* ; il doit fonctionner, ou bien ses aspects importants doivent être compris par son destinataire. Puisons dans un concept de la gestion de produit (pas la gestion de projet). En développement de produit, on parle du produit minimum viable (ou MVP, de l'anglais *minimum viable product*). Il s'agit de la version du produit avec le minimum de fonctionnalités, qui sera toutefois utilisable et utile pour quelqu'un (dans ce cas, les utilisateurs bêta ou les primoadoptants). Étant moins mûr et moins sophistiqué, il est relativement simple à concevoir et permet à l'équipe de produit d'observer comment il est utilisé pour ensuite y apporter des améliorations lors de la version suivante. Le MVP est *partageable.*

Ce concept servant de norme est transférable à la plupart des tâches. La structure d'un *business plan* est partageable ; les premiers paragraphes le sont moins. Un e-mail confirmant, éventuellement en un mot, le lancement d'un projet à une équipe en attente est partageable ; un exposé détaillé mais non concluant des tenants et aboutissants du projet ne l'est pas. Une liste résumant votre *feedback* à un collègue dont la présentation PowerPoint laisse à désirer est partageable ; une révision brutale et minutieuse des pires *diapositives* de sa présentation ne l'est pas (pour diverses raisons).

Une vidéo accélérée d'un artiste dessinant un portrait de Spiderman illustre bien cette idée[1]. Dans la première partie de la

1. Mo Selim : https://vimeo.com/226508728.

vidéo, il a 10 minutes pour réaliser son dessin, et le résultat final est époustouflant : les proportions du visage sont quasiment parfaites, tout comme les ombres et l'arrière-plan. Dans la deuxième partie, l'artiste dispose de seulement 60 secondes, et le résultat est une image qui ressemble indéniablement à Spiderman, avec son cou et son torse, mais le portrait est plus proche de l'ébauche. Enfin, dans la dernière partie, il n'a que 10 secondes, et a tout juste le temps d'esquisser grossièrement une tête et des yeux – même si, là encore, on reconnaît bien le superhéros en question. La tâche « dessiner Spiderman » a été réalisée et le résultat était partageable (avec une nièce de 9 ans, par exemple). Dans les trois cas, le résultat était donc suffisamment bon. Une reproduction ultraréaliste de l'œil gauche ou du menton de Spiderman n'aurait pas réussi le test et n'aurait donc pas été jugée suffisamment bonne par la nièce fictive.

Il y a plus de 250 ans, Voltaire avançait que « Le mieux est l'ennemi du bien[2] ». Autrement dit, en visant la perfection, nous risquons de passer à côté d'une réalisation bonne, voire excellente. C'est encore valable aujourd'hui. Ce qui est partageable, en revanche, est le meilleur ami du bien.

LE MONDE EXTÉRIEUR

Votre travail a plus de valeur si quelqu'un peut en goûter les fruits. Vous demander s'il est partageable est un bon point de repère pour décider si vous avez atteint la norme du « suffisamment bon ». D'autres avantages apparaissent quand votre travail va à la rencontre du monde extérieur :

- **Points de vue différents.** En partageant votre travail avec d'autres, vous pouvez tirer parti d'autres opinions et expériences. Pour de nombreuses tâches, cette diversité de points de vue et d'intelligence collective est extrêmement utile, pour d'autres, elle est essentielle.

2. Voltaire, *La Bégueule*, 1772.

- **Amélioration.** Le partage appelle le *feedback*, lequel permet de procéder à des améliorations.
- **Participation.** Si vous partagez votre travail au bon moment et avec la bonne intention, vous pouvez convaincre d'autres collaborateurs d'y participer à vos côtés, au lieu de leur présenter le résultat final comme un fait accompli, ce qui peut agacer, cliver et générer une résistance superflue.
- **Reconnaissance.** Montrer votre travail peut vous valoir des éloges ou des félicitations, ou améliorer votre réputation et votre statut. Si personne ne le voit, vous n'en tirerez aucune reconnaissance.
- **Productivité collective.** Vous avez fait votre part du travail, pour le moment. Passez le flambeau pour que votre travail poursuive son parcours, tandis que vous portez votre attention ailleurs. Nous sommes tous, petits ou grands, des rouages d'une machine. Et si nous percevons cette machine comme un projet humain collectif, le rôle que nous jouons dedans peut nous paraître utile.

Le principe s'applique aussi bien au partage d'une idée révolutionnaire pour inspirer l'humanité qu'à la lessive pour habiller notre famille.

Bien sûr, dans bien des cas, nous sommes contraints, quoi qu'il arrive, de partager notre travail : notre patron l'exige, un collègue l'attend, un ami en dépend. Mais en gardant à l'esprit les nombreux avantages listés ci-dessus, nous sommes encouragés à partager quelque chose même quand cela n'est pas strictement nécessaire.

•••

Livrer notre travail, présenter les fruits de notre labeur procure une certaine satisfaction. Sa réalisation est une récompense intrinsèque, et sa livraison, une récompense extrinsèque. Dans cet état d'esprit et avec de la pratique, nous pouvons jouir d'une quinzaine de récompenses par jour, sous la forme de boîtes de temps réalisées en temps et en heure.

La livraison du travail augmente aussi la productivité. Comme nous l'avons vu dans le chapitre 6 (« Pour la collaboration »), le timeboxing sert la productivité aussi bien individuelle que collective. Le travail non partagé est semblable à un oiseau dans une cage dorée. Alors, produisez quelque chose de suffisamment bon et laissez-le s'envoler.

RÉCAPITULATIF

- La perfection n'est ni nécessaire ni possible – habituez-vous au suffisamment bon.
- La norme du « suffisamment bon » est atteinte quand ce que vous avez produit est partageable et utile.
- Nous pouvons utiliser le concept du produit minimum viable pour déterminer ce qui est partageable.
- Partager ou livrer votre travail présente plusieurs avantages, dont :
  - ☐ l'obtention de différents points de vue ;
  - ☐ la possibilité de procéder à des améliorations ;
  - ☐ la participation d'autres personnes ;
  - ☐ la reconnaissance et le mérite qu'on en retire ;
  - ☐ la possibilité que le projet poursuive sa route, même quand votre attention se tourne vers autre chose.

RÉFLEXION

- Pensez à un travail dont vous avez été fier et que vous avez partagé à des fins utiles. Faites de cet exemple votre point de repère pour décider de livrer un travail.
- Regardez la vidéo du dessin de Spiderman mentionnée dans ce chapitre.
- Avez-vous l'impression de bien comprendre ce qui est suffisamment bon et partageable ? Si ça n'est pas le cas, comment pourriez-vous améliorer votre compréhension de ces concepts dans le contexte de votre vie professionnelle et privée ?

18

SPIRALES ET AUTRES DISTRACTIONS

> « *Misère ! Misère ! Je vais être en retard !* »
>
> Le Lapin blanc
> (*Alice au pays des merveilles*, Lewis Carroll)

Mots-clés	Distraction, conditions préalables, environnement, éléments déclencheurs, réponse, spirales, multitâches, monotâche, dispersion, attention, procrastination
Nombre de mots	4 281
Temps de lecture	15 minutes

Nous voici arrivés au chapitre que j'avais le plus hâte d'écrire.

Vous avez déjà bien avancé sur le chemin du timeboxing. Vous connaissez ses avantages et, par conséquent, je l'espère, vous avez décidé d'adopter et de développer cette méthode et l'état d'esprit nécessaire. Vous avez sélectionné des tâches utiles et les avez planifiées avec soin, et votre détermination s'est renforcée. Vous avez compris à quoi ressemble une pratique efficace pendant que vous exécutez les tâches de votre timeboxing.

Cependant, certains obstacles risquent de se dresser sur votre chemin. Pendant chacune des boîtes de temps que vous réalisez, un millier de distractions viennent perturber votre concentration. Votre portable vibre. Une alarme sonne. Une notification apparaît dans votre navigateur. Un lien hypertexte vous appelle. La distraction peut aussi provenir de l'intérieur : une pensée vous traverse, un souvenir refait surface, une démangeaison vous agace. Toutes ces distractions courantes nous affectent tous, et d'autres éléments déclencheurs de distraction qui nous sont propres viennent s'y ajouter.

Il n'existe pas de protection idéale contre ces perturbations, mais nous pouvons prendre quelques mesures pratiques pour y résister, à commencer par comprendre ce que sont les distractions et d'où elles viennent. Je vais essayer de vous présenter des situations ordinaires qui vous parleront. Votre mission est de vous servir de ces exemples pour identifier les distractions qui vous touchent et en ajouter d'autres non citées. Vous serez ensuite en mesure de mettre en œuvre vos propres solutions personnalisées.

Voici un cadre fondamental et utile pour considérer les distractions : les **conditions préalables** dans lesquelles la procrastination prospère, les **éléments déclencheurs** qui détournent notre attention et nos **réponses** face à ces éléments. Si nous pouvons comprendre le fonctionnement et la corrélation entre ces ingrédients, nous serons plus à même d'optimiser ces conditions préalables, réduisant ainsi les éléments déclencheurs et améliorant nos réponses.

OPTIMISEZ LES CONDITIONS – TUEZ LA PROCRASTINATION DANS L'ŒUF

Un problème surgit parfois avant même que nous ayons commencé quoi que ce soit, et ce problème s'appelle la procrastination : la tendance à remettre à plus tard ce qui devrait être fait maintenant. La procrastination est un fléau largement répandu : 20 % des adultes[1] sont des procrastinateurs chroniques, et ce taux est encore plus élevé chez les étudiants[2]. Le timeboxing s'attaque sérieusement à la procrastination et sous plusieurs angles : petite tâche d'abord, structure, responsabilité et, pour reprendre les mots de Dr Timothy Pychyl, auteur de *Solving the Procrastination Puzzle*, « la profonde amélioration de l'humeur que l'on ressent après avoir fait ce qu'on avait l'intention de faire ». Et pourtant, il arrive que cette étrange et pernicieuse réticence persiste.

Les causes sous-jacentes et les facteurs qui contribuent à la procrastination sont légion. Certaines causes se recoupent et sont corrélées les unes aux autres, et la plupart ne sont pas entièrement comprises. J'ai dressé ci-dessous la liste de certaines des plus courantes, dans l'espoir que vous accordiez un peu plus d'attention à celles qui vous parlent le plus. Les éléments sont listés des plus difficiles aux plus faciles à résoudre :

- anxiété, stress et autres problèmes de santé mentale ;
- mauvais état d'esprit ou motivation insuffisante ;
- peur de l'échec ou perfectionnisme ;
- réticence à s'attaquer à une tâche difficile ;
- ennui ;
- fatigue, épuisement ou burnout ;
- manque de structure, de spécificité ou de date butoir ;
- sentiment d'accablement face à un trop grand nombre de tâches ou une tâche trop vaste ; vous ne savez pas par où commencer.

---

1. Joseph F. Ferrari, *et al.*, « Procrastination », Encyclopedia of Personality and Individual Differences. Springer, Cham., 2020, https://link.springer.com/referenceworkentry/10.1007/978-3-319-24612-3_2272.
2. *Psychological Bulletin*, vol. 133, n° 1.

Cette liste est non exhaustive, et ce livre ne prétend pas apporter de solutions spécifiques aux problèmes les plus complexes placés en haut de liste. La pratique du timeboxing aide la plupart des gens à surmonter les obstacles mentionnés. Mais il n'est pas un remède miracle à des problèmes psychologiques profondément ancrés et de longue date ; si vous vous reconnaissez dans certains de ces facteurs, il est préférable de vous en occuper sérieusement en vous tournant vers des professionnels de la santé mentale.

Certaines des causes listées étant difficiles à traiter, attaquez-vous au moins aux plus faciles. Atténuez leur effet en travaillant sur votre état d'esprit et votre environnement. Tous les conseils donnés à ce sujet (dans le chapitre 9) pour vous aider à planifier vos boîtes de temps (pendant 15 minutes par jour) s'appliquent tout autant, si ce n'est encore plus, quand vous réalisez les tâches de ces boîtes (de nombreuses heures chaque jour). Ne vous lancez pas dans des tâches difficiles quand vous êtes fatigué, épuisé, ou que vous souffrez d'un burnout. Les deux derniers éléments de la liste sont fortement contrariés par le timeboxing, qui fournit une structure, une spécificité et des dates butoirs claires et précises, et filtre les tâches pour vous permettre de les prendre à bras-le-corps, une par une.

En ce qui me concerne, j'ai remarqué que j'étais particulièrement vulnérable aux quatrième et cinquième éléments de cette liste (tâche trop difficile et tâche ennuyeuse). Si la tâche représente un défi (exercice physique exigeant, situation professionnelle conflictuelle, problème intellectuel complexe), je trouve des moyens de l'éviter. Et si, au contraire, elle est trop facile et pas assez stimulante, j'ai tendance à la contourner aussi. Notez que ces conditions problématiques correspondent à celles qui nous empêchent de trouver le niveau de challenge approprié et d'atteindre l'état de *flow* défini par Csíkszentmihályi (voir chapitre 5 « Pour une réflexion plus intelligente »).

IDENTIFIEZ ET MINIMISEZ LES ÉLÉMENTS DÉCLENCHEURS

Vous avez commencé, vous êtes en plein dans une boîte de temps, quand un intrus s'immisce et vous en arrache soudainement. Qui est ce fauteur de troubles ? Pour identifier les éléments déclencheurs de distraction, j'aime penser au *médium* grâce auquel ils se manifestent (mental, numérique et physique) ainsi qu'à leur niveau d'*urgence*.

Le médium nous aide à comprendre ce qu'ils sont et d'où ils viennent ; le niveau d'urgence nous aide à prendre les mesures qui s'imposent. Cette approche donne le tableau suivant :

	Numérique	Physique	Mental
Non urgent	– une notification – un e-mail – un SMS – vous vous rasseyez à votre bureau après une pause et regardez autour de vous en évitant l'écran du regard	– un oiseau passe – un moustique vous enquiquine – votre chien se met à aboyer – vous entendez que vos enfants regardent la télé alors qu'ils ne devraient pas	– vous vous demandez distraitement si le cri du coq ressemble vraiment à « cocorico » – un bout de votre rêve de la nuit dernière vous revient à l'esprit – vous vous demandez si vous avez de nouveaux e-mails/messages – vous avez soif – vous commencez à vous ennuyer – vous vous souvenez d'une énorme tâche professionnelle à terminer pour la semaine prochaine

	Numérique	Physique	Mental
Urgent	– vous recevez un e-mail qui nécessite une réaction immédiate	– quelqu'un frappe à la porte – votre bébé pleure – l'alarme incendie retentit – quelqu'un vous appelle – vous avez besoin d'aller aux toilettes	– vous avez soudain une idée géniale – une épiphanie – vous réalisez que vous avez oublié vos clés dans un magasin – vous vous souvenez que vous avez rendez-vous chez le dentiste aujourd'hui (mais vous ne l'avez pas inscrit dans votre agenda)

Soulignons que les points non urgents peuvent toutefois être importants, comme c'est le cas de la tâche professionnelle mentionnée dans le tableau. C'est le niveau d'urgence, et non celui d'importance, qui appelle à prendre des mesures immédiates.

Et ces éléments déclencheurs ne sont que le début – ils enclenchent tout un puissant mécanisme. Impossible de savoir d'entrée de jeu si vous mettez le pied dans une spirale sans fin ou non. Vous pouvez finir dans une impasse et en sortir quelques minutes plus tard. Ou bien elle peut prendre un tournant fascinant, et avant même de vous en rendre compte, deux heures se sont envolées.

Ce tableau doit vous aider à remarquer les distractions quand elles surviennent. Vous les remarquerez plus facilement si vous les cherchez et si vous vous attendez à les trouver dans les trois domaines – numérique, physique ou mental. Ces distractions courantes touchent tout le monde. Les exemples donnés se veulent réels et reconnaissables pour les lecteurs, mais si vous pouvez penser vous-même à un exemple pour chacune des six cases, ce chapitre vous sera encore plus utile. De manière plus importante encore, ce tableau fournit un cadre pour préparer de meilleures réponses à ces différents types de déclencheurs. En comprenant l'utilité de remarquer ces distractions, nous le faisons de mieux en mieux avec un peu d'entraînement.

Certains éléments déclencheurs apparaissent à maintes reprises au cours de notre vie. Une poignée d'entre eux apparaissent plusieurs fois par jour : nous regardons notre téléphone portable plus de cent fois par jour. Ces déclencheurs sont de loin les plus néfastes puisqu'ils entravent fréquemment notre productivité intentionnelle. Prenez donc quelques minutes pour vous demander quels sont ces déclencheurs en ce qui vous concerne. Surviennent-ils quand vous retournez vous asseoir à votre bureau ? Quand votre portable vibre ? Quand vous voyez une nouvelle notification de votre boîte de réception dans un onglet ouvert ? Quand vous constatez le nombre de tâches ménagères qui vous attend en arrivant chez vous ? Ces distractions récurrentes sont autant d'occasions de procéder à des améliorations de taille dans votre vie.

AMÉLIOREZ VOTRE RÉPONSE

En tant qu'êtres humains, nous avons la chance de pouvoir choisir ce que nous faisons. Comme l'a si bien dit le psychiatre Viktor Frankl : « Entre le stimulus et la réponse, il y a un espace. Dans cet espace se trouve notre pouvoir de choisir notre réponse. Dans notre réponse résident notre croissance et notre liberté. »

Pourtant, en règle générale, nos réponses aux déclencheurs sont affligeantes. Nous avons tendance à ne pas remarquer le déclencheur, nous n'avons pas conscience de l'espace que mentionne Viktor Frankl, et par conséquent, nous ne l'utilisons pas. Nous nous contentons de réagir sans réfléchir et sans y mettre d'intention, comme si nous n'avions pas la capacité cognitive d'intervenir de manière délibérée. En réaction à quelques-uns des exemples du tableau :

- nous répondons à cette notification Slack ou cet e-mail* ,
- nous cliquons sur plusieurs onglets ouverts dans notre barre de navigation et finissons par faire des achats, des recherches, ou surfer sur Internet ;

- nous descendons voir ce qui fait aboyer le chien, nous voyons qu'il y a du linge à sortir de la machine et découvrons qu'une autre pile de vêtements devrait être lavée ;
- nous suivons du regard l'oiseau et en repérons deux autres, puis un nuage… qui ressemble à un fauteuil, et nous rêvassons ;
- nous recherchons « cocorico » sur Google, ce qui nous conduit vers une comptine pour enfants, puis vers une autre… ;
- nous ouvrons un deuxième document et commençons un autre travail sans avoir terminé le premier*.

Nous essayons de faire plusieurs tâches à la fois (points marqués d'un astérisque) ou nous entrons dans une spirale infernale. Le multitâches et les spirales n'augurent rien de bon : ils détruisent la productivité et diminuent notre sentiment d'accomplissement. Pire encore, dans certains cas, ils nous incitent à alimenter des addictions (aux réseaux sociaux, au travail obsessionnel, aux plateformes de messagerie, etc.). Ils annulent la paix, la productivité et le pouvoir du timeboxing. D'un autre côté, le multitâches et les spirales peuvent procurer de la joie – nous y reviendrons bientôt.

Alors, quelle devrait être notre réponse ? Comme nous l'avons vu, il faut dans un premier temps remarquer le déclencheur. Cette action est un passage obligé pour la suite, c'est l'espace qui nous permet de décider de notre réponse. C'est une compétence que l'on développe avec de la pratique.

Après quoi, nous devons décider, rapidement, si la distraction appelle une réaction immédiate. Devez-vous à tout prix vous en occuper tout de suite ? De temps à autre, la réponse sera vraiment « oui » (comme c'est le cas de la plupart des exemples de la dernière ligne du tableau). Dans ces rares cas, bien sûr, faites ce que vous avez à faire, changez aussitôt votre plan, et n'oubliez pas de mettre à jour les boîtes de temps dans votre agenda à la première occasion. Bien plus souvent, la réponse sera « non ». S'il s'agit d'une chose à laquelle vous souhaitez revenir plus tard, notez-la (évitez la frustration d'une idée qui vous échappe en l'ajoutant à votre to-do list ; si vous n'y avez pas accès à ce moment précis, dites-la à voix haute, verbalisez-la) et reprenez vos boîtes de temps telles que vous les avez planifiées. Enfin, si vous pouvez éliminer immédiatement la distraction, faites-le et reprenez vos boîtes de temps (retournez à l'agenda). Le diagramme ci-dessous illustre ce processus :

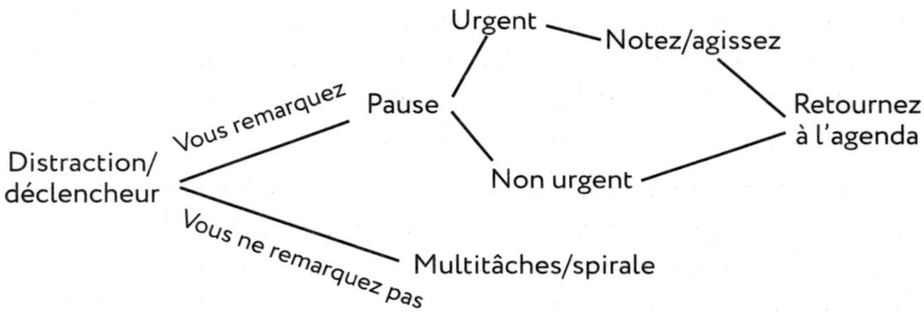

Certaines tactiques peuvent vous aider dans ce processus. Privilégiez la meilleure réponse, la plus intentionnelle, qui consiste à retourner à votre boîte de temps, en modifiant votre environnement (voir chapitre 9 « Les bases »).

Vous associerez bientôt le déclencheur à la bonne réponse : retourner au refuge de votre boîte de temps.

LES SPIRALES

Il nous arrive tous d'être entraînés dans une spirale de temps à autre. L'esprit humain et Internet sont des terrains propices à la curiosité et qui se nourrissent l'un de l'autre.

Les spirales peuvent être joyeuses. Elles peuvent être un aspect plaisant de l'expérience humaine – à la fois utile et stimulant. Mais cet abandon et cette perte de contrôle, quoiqu'agréables, peuvent tourner au vinaigre. Voyez plutôt si vous vous reconnaissez dans le scénario suivant.

Vous commencez votre tâche comme prévu. Mais un lien, une expression ou une image éveille votre curiosité. « Qu'est-ce que c'est ? » vous demandez-vous, interloqué. Avant que votre conscience ait le temps de réagir, vous avez cliqué sur le lien et mis le pied dans la spirale. Vous vivez à présent une toute nouvelle expérience, qui capte totalement votre attention. Un autre élément attire votre regard et vous vous éloignez encore plus de la tâche initiale. Complètement obnubilé, vous perdez la notion du temps, entrez dans un état de *flow* et vous enfoncez encore plus profondément dans ce gouffre – « de plus en plus curieux[3] ». Au bout d'un moment, l'excitation de cette aventure se dissipe et vous réalisez soudain que vous êtes à mille lieues de votre point de départ. Vous sortez de la spirale et retournez à votre tâche, mais vous avez perdu du temps, peut-être même beaucoup de temps.

Quand ce scénario se produit – et il se produira souvent, avec ou sans le timeboxing –, ne vous réprimandez pas. La culpabilité et l'inquiétude que vous ressentez sont superflues, déplacées, inutiles et… constituent une autre distraction. La solution est de les éviter totalement (optimisez les conditions), de repérer les déclencheurs et d'y répondre en retournant à votre boîte de temps. Vous commencerez à associer tout sentiment de stress, de surcharge ou de panique à celui plus rassurant que vous procure le retour à votre agenda (en cliquant sur l'onglet en haut à gauche de votre barre de navigation).

LE MULTITÂCHES

La plupart d'entre nous en sont adeptes. À première vue, le multitâches est contraire au timeboxing, méthode qui vante le pouvoir de faire une seule chose à la fois. Mais l'est-il vraiment ?

Avant tout, de quoi s'agit-il ? Le multitâches, ou *multitasking*, est la tentative de faire plusieurs choses en même temps. Ce qui

3. Voir page 254.

nécessite de diviser notre attention pour la porter sur plusieurs tâches, généralement dans le but d'en faire plus en moins de temps. Ce concept dérive de l'informatique quand, il y a plusieurs décennies, les ordinateurs ne pouvaient faire qu'une chose à la fois.

Le multitâches est une pratique dénigrée et incomprise. Quelques études et une flopée de contenus récents en ligne sur le sujet la voient d'un mauvais œil. Le changement de contexte, disent-ils, a un coût cognitif important, et leur conclusion est sans appel : le multitâches est mauvais pour la productivité. Une vidéo virale[4] démontre ainsi le niveau d'inattention de personnes devant faire deux choses à la fois : tandis qu'un groupe d'individus se passent un ballon de basket sur la vidéo, les observateurs doivent compter le nombre de passes effectuées par les joueurs portant un t-shirt blanc. Plus de la moitié d'entre eux ne remarquent pas le gorille qui traverse le terrain pendant quelques secondes au milieu de la vidéo. Nous ne sommes pas capables de nous concentrer sur deux choses à la fois. La science a parlé, affaire jugée.

En effet, il existe indéniablement des situations auxquelles le multitâches ne se prête pas : parcourir les réseaux sociaux tout en discutant avec un ami ou partenaire ; envoyer un SMS en conduisant ; écrire du code en conversant ; s'inquiéter de deux choses en même temps ; s'occuper des enfants en analysant des données. L'un des exemples les plus courants : ouvrir un e-mail qui fait l'effet d'une bombe (le genre d'e-mails qui bouleversent totalement nos pensées) pendant une réunion, et être complètement incapable de réagir à l'un ou à l'autre (voyez comment nous gérons mieux les choses si nous avons assez de discipline pour ouvrir l'e-mail après la réunion). Nous avons tous nos propres exemples de tentatives de multitâches qui finissent en queue de poisson.

Et pourtant, dans certains cas, faire deux choses à la fois semble très bien fonctionner : cuisiner en écoutant un podcast ; faire un footing en réfléchissant à un problème pénible ; faire des achats

---

4. https://www.youtube.com/watch?v=vJG698U2Mvo.

sur votre téléphone en vous détendant devant la télévision ; peindre des objets en céramique en apprenant à connaître une personne lors d'un premier rendez-vous.

En réalité, le multitâches peut fonctionner. D'après une étude[5], « le secret du *multitasking* pour mieux utiliser notre temps consiste à identifier des tâches qui n'entrent pas en conflit l'une avec l'autre », et il ne peut vraiment fonctionner qu'avec certaines tâches *familières* où l'effort cognitif et le conflit sont faibles. Ces tâches familières seront évidemment différentes pour chacun.

Voici un schéma incluant un petit échantillon de tâches professionnelles et non professionnelles, qui indique lesquelles peuvent être réalisées en tandem. Bien sûr, comme toujours, le plus important est de comprendre ce qui fonctionne (ou non) pour *vous*.

Comment lire ce schéma :

1. Choisissez deux activités dont vous souhaitez vérifier la compatibilité. Prenons par exemple « Cuisiner » et « Assister à une réunion ».
2. Trouvez la colonne intitulée « Cuisiner » (la première activité de votre choix).
3. Puis trouvez la ligne intitulée « Assister à une réunion » (la deuxième activité de votre choix).
4. Faites glisser votre doigt le long de la colonne « Cuisiner » jusqu'à la ligne « Assister à une réunion ».
5. Le symbole qui apparaît au croisement de la colonne et de la ligne indique la compatibilité des activités. ✓ signifie qu'elles sont compatibles ; ✘ signifie qu'elles sont incompatibles ; **?** indique que les activités peuvent être compatibles dans certaines circonstances.
6. Avec notre exemple, l'intersection de « Cuisiner » et « Assister à une réunion » est marquée du symbole **?**. Les deux activités

5. Eric H Schumacher, *et al.*, « Virtually Perfect Time Sharing in Dual-Task Performance », *Psychological Science*, 2001, https://journals.sagepub.com/doi/pdf/10.1111/1467-9280.00318.

sont donc potentiellement compatibles : vous pourriez, par exemple, assister à une réunion en ligne, sans allumer votre caméra, tout en cuisinant.

	Tondre	Cuisiner	Lire	Envoyer un e-mail	Assister à une réunion	Faire la lessive	Réflexion en mode diffus	Exercice physique doux
Cuisiner	✗							
Lire	✗	✗						
Envoyer un e-mail	✗	✗	✗					
Assister à une réunion	✗	?	✗	?				
Faire la lessive	✗	✗	✗	✗	✗			
Réflexion en mode diffus	✓	✓	✗	✗	✗	✓		
Exercice physique doux	✗	✗	?	✓	✓	?	✓	
Exercice physique exigeant	✗	✗	✗	✗	✗	✗	?	✗

Pour que certaines combinaisons fonctionnent, il faut faire preuve d'un peu d'imagination. Par exemple, faire de l'exercice physique doux est possible en assistant à une réunion, à condition de bien choisir l'exercice en question (étirement des doigts, exercices sur un ballon de pilates, marche sur le tapis de course). Lire un livre en cuisinant n'est pas vraiment réalisable, mais vous pourriez écouter un livre audio.

D'autres combinaisons dépendront du contexte – plus précisément, des forces et caractéristiques de l'individu et du niveau de performance requis. Par exemple, l'une des associations les plus courantes est l'envoi d'e-mails en pleine réunion. Est-il acceptable d'envoyer des e-mails et de ne pas accorder toute son attention à un collègue qui s'exprime ? La réponse n'est pas évidente. Que penser, par exemple, si la réunion n'est pas vraiment pertinente pour l'individu en question ? Et si un e-mail urgent doit impérativement être envoyé pendant une longue réunion ? Le contexte a son importance. Réfléchissez-y, décidez de ce qui fonctionne le mieux pour vous, et expliquez clairement votre méthode aux personnes qui vivent ou travaillent avec vous.

Il existe une multitude d'autres paires que je n'ai pas incluses dans ce schéma, comme s'inquiéter/ruminer, deux activités qui peuvent, simultanément, porter sur deux soucis distincts. C'est un problème que beaucoup d'entre nous rencontrent.

Il y a même des situations dans lesquelles la performance est renforcée par une deuxième activité. Quand notre réflexion en mode diffus libère ce que notre réflexion en mode concentré n'a pas réussi à libérer. Ou quand une activité est trop simple, qu'elle nous ennuie et qu'on a tendance à l'écarter, à moins qu'elle soit accompagnée d'une seconde (par exemple, plier le linge en écoutant un podcast). Le multitâches pourrait même avoir des avantages sur le plan cognitif ; dans une étude[6], les participants s'adonnant au multitâches avec les médias devenaient fréquemment plus efficaces en matière d'intégration multisensorielle (la capacité du cerveau à combiner et traiter les informations à partir des cinq sens – la vue, l'ouïe, le toucher, le goût et l'odorat).

Pour ces situations compatibles avec le multitâches, le timeboxing est tout aussi adapté et utile. Choisissez méticuleusement la combinaison d'activités, décrivez-la dans votre boîte de temps et réalisez ces activités simultanément, dans la joie et de manière productive. L'objectif du timeboxing et de ce livre est de nous aider à faire bon usage de notre temps, pas d'être dogmatique. Et pour les situations, plus nombreuses, incompatibles avec le multitâches (malgré vos tentatives) : remarquez la distraction, faites une pause, notez vos pensées au besoin et retournez calmement et sans culpabilité à votre agenda.

•••

---

6. Kelvin F. H. Lui, *et al.*, « Does Media Multitasking Always Hurt? », *Psychon Bull Rev*, 2012, https://pubmed.ncbi.nlm.nih.gov/22528869.

Les distractions sont inévitables. Accepter ce constat fait partie de la vie et du timeboxing. En comprenant les conditions préalables, les éléments déclencheurs et leurs réponses, vous serez bien plus en mesure de travailler avec intention et d'influencer votre vie comme vous l'entendez. Vous ne pourrez pas, et vous n'avez pas, à le faire parfaitement. Vous n'avez qu'à continuer dans la bonne direction pour en récolter les fruits.

RÉCAPITULATIF

- Les distractions mettent en péril le timeboxing.
- La distraction peut être décomposée en plusieurs parties : les conditions préalables qui favorisent son apparition, les éléments déclencheurs qui la font survenir et nos réponses quand elle se produit.
- En prenant conscience de leur existence, nous pouvons améliorer la situation sur ces trois points.
- Les spirales peuvent freiner la productivité (et procurer de la joie).
- Le multitâches peut aussi freiner la productivité (et procurer de la joie).
- Certaines paires d'activités peuvent être réalisées simultanément ; d'autres non. Trouvez les paires qui fonctionnent pour vous.

RÉFLEXION

- Qu'est-ce qui a tendance à vous éloigner de votre objectif initial ?
- Quelque chose viendra détourner votre attention de vos boîtes de temps, de ce livre, plusieurs fois, même aujourd'hui. Essayez de remarquer quand ces interruptions se produisent et comment vous y réagissez. Demandez-vous comment vous pourriez éviter ce déclencheur et améliorer votre réponse.

- Créez un outil visuel, physique pour vous aider à sortir des spirales – une note sur laquelle est écrite « Retourne à l'agenda », un tapis de souris avec une image qui vous rappelle à l'ordre ou, mieux encore, sur lequel est inscrit un message que vous avez vous-même rédigé. Placez votre rappel là où vous le verrez quand vous en aurez besoin, par exemple sur votre bureau ou la coque de votre portable.
- Créez votre propre tableau d'activités pour mettre en relief celles qui sont compatibles et les autres. Quelles combinaisons semblent fonctionner pour vous ? Lesquelles pourraient marcher avec un peu d'imagination ?

Partie IV

S'APPROPRIER

Cette dernière partie a pour but de vous aider à poursuivre le timeboxing et à vous l'approprier. La promesse d'une vie intentionnelle ne peut se réaliser qu'à travers un effort concerté pendant plusieurs années et décennies, dans les trois segments majeurs de notre vie : le travail, le temps libre et le sommeil.

19

PRENEZ L'HABITUDE

> *Un Anneau pour les gouverner tous*
> *Un Anneau pour les trouver*
> *Un Anneau pour les amener tous,*
> *Et dans les ténèbres les lier.*
>
> J. R. R. Tolkien

Mots-clés	Apprendre par la pratique, application, immersion, observation
Nombre de mots	2 444
Temps de lecture	11 minutes

Pour que le timeboxing porte ses fruits au cours de votre vie, vous devrez faire preuve de régularité. Et vous êtes bien plus susceptible de le faire régulièrement si vous le transformez en habitude. Autrement, les enseignements de ce livre finiront par se dissiper. Mais si vous prenez l'habitude de timeboxer, vous ouvrez la voie à la personne que vous voulez devenir, aux choses que vous voulez faire, à la vie que vous voulez mener.

Nous sommes tous pétris de bonnes et de mauvaises habitudes. Beaucoup d'entre nous font du sport, mangent sainement, méditent, adoptent une bonne hygiène personnelle, travaillent dur, s'occupent de leurs voisins, lisent, apprennent, et bien plus encore. Mais nous sommes aussi une espèce qui se ronge les ongles, parie de manière compulsive, contemple distraitement des écrans, consomme inutilement, se gave de *junk food*, procrastine, et bien pire.

Le timeboxing est une métahabitude qui peut entraîner d'autres habitudes. Les bonnes habitudes listées ci-dessus peuvent toutes être insérées dans des boîtes de temps. Le timeboxing est l'habitude unique et primordiale qui peut nous aider à développer de multiples habitudes secondaires. J'aime voir le timeboxing comme l'habitude qui gouverne toutes les autres.

LE FONCTIONNEMENT DES HABITUDES

Toute une panoplie d'études scientifiques et de livres populaires sur le sujet des habitudes a vu le jour ces dix dernières années. Dans *Hooked*, Nir Eyal nous a montré comment les GAFAM concevaient des produits pour nous y rendre accros. Avec *Atomic Habits*, James Clear a expliqué à des millions de lecteurs et lectrices comment adopter de bonnes habitudes en facilitant leur mise en œuvre. Ces deux auteurs, et bien d'autres avec eux, se sont inspirés des nombreuses années de recherches de BJ Fogg sur les changements comportementaux et la formation d'habitudes. Des scientifiques, neurobiologistes, comportementalistes, anthropologistes et autres spécialistes ont étoffé notre compréhension du sujet à l'ère des écrans et de la dopamine numérique.

J'ai choisi le modèle comportemental de Fogg pour démontrer pourquoi transformer le timeboxing en habitude est d'une simplicité extrême. C'est la méthode la plus facile et, à mon sens, la plus naturelle. Voici comment BJ Fogg décompose le comportement :

Comportement = motivation × aptitude × déclencheur

Selon ce modèle, un comportement (y compris une habitude) se produit quand la motivation, l'aptitude et un déclencheur surviennent au même moment.

Par exemple, un comportement pourrait être de relire ce chapitre. Vous pourriez le faire parce que :

- vous êtes motivé (vous reconnaissez l'importance de faire du timeboxing une habitude, et la première lecture ne vous a pas permis de comprendre exactement comment vous y prendre) ;
- vous en êtes capable (relire ce chapitre ne pose pas de difficulté particulière) ;
- vous êtes incité à le relire grâce à cette liste à puces.

Souvenez-vous que le timeboxing se compose de deux éléments : la planification (partie II) et l'action (partie III). Ils sont interdépendants : nous sommes plus susceptibles de continuer à planifier les boîtes de temps si nous finissons par réaliser les tâches qu'elles contiennent ; et nous sommes plus disposés à réaliser les tâches si nous les avons planifiées. Les deux sont essentielles pour que le timeboxing devienne une habitude.

Vous verrez bientôt que vous êtes déjà motivé, capable et incité à vous y mettre. Par conséquent, prendre l'habitude de timeboxer chaque jour sera bien plus facile que vous le pensez.

MOTIVATION

À ce stade, vous avez lu 200 pages d'un livre dédié au timeboxing. On peut donc présumer sans trop de risque que vous avez une certaine motivation.

Si vous avez besoin de la raviver, relisez les avantages de la méthode décrite dans la partie I. Ils sont au nombre de six : pour la mémoire, pour la sérénité, pour une réflexion plus intelligente, pour la collaboration, pour la productivité et pour une vie intentionnelle. Mieux encore, choisissez celui qui compte le plus pour vous et transformez-le en mantra facile à mémoriser, qui pourra vous servir de déclencheur à tout moment (vous pouvez l'écrire sur un post-it, le mettre en fond d'écran, etc.).

Vous pouvez aussi renforcer votre motivation en associant la planification de votre journée à une activité qui vous procure du plaisir. Par exemple, si vous aimez boire un café le matin, planifiez votre journée le temps de le savourer. Cette association positive vous aidera à apprécier l'activité du timeboxing.

N'oublions pas les récompenses émotionnelles : premièrement, le sentiment positif que vous ressentez après avoir commencé la journée du bon pied. Une journée bien organisée procure une satisfaction non négligeable. Deuxièmement, le timeboxing peut atténuer votre stress vis-à-vis de la journée qui vous attend. Savourez ce soulagement, une récompense en soi qui ne fera que consolider votre habitude. Si vous partagez un agenda avec d'autres personnes, vous pourrez même ressentir une sorte de satisfaction d'ordre social. Comme le souligne Fogg, les récompenses émotionnelles de ce genre nous aident à prendre et renforcer une habitude.

Terminer votre planification devrait vous procurer un sentiment d'accomplissement. Ne résistez pas à ces ressentis positifs – servez-vous-en pour entretenir votre motivation ! Vous pouvez fêter ces succès en cochant les points de votre liste, en insérant un émoji dans votre boîte de temps ou en vous félicitant intérieurement. À la fin de la journée ou de la semaine, contemplez ce que vous avez fait. Vous aurez accompli beaucoup de choses.

Amusez-vous avec le timeboxing. C'est en partie le sujet du chapitre 16 (« Rythme et accélération »). Une tâche insipide ou ennuyeuse (saisir des données dans un tableur, trier une boîte de réception, faire la vaisselle) peut se transformer en un challenge intéressant si vous y ajoutez une contrainte de temps.

Il vous faudra parfois vous discipliner. Ne vous trouvez pas d'excuses et souvenez-vous de la personne que vous voulez être – vivant une vie intentionnelle. À cette fin, n'hésitez pas à visualiser, voire à exagérer, les inconvénients de l'*absence* du timeboxing : un sentiment de déception, de la fatigue et du chaos, les conséquences de repousser le travail au lendemain – même la culpabilité et la honte peuvent vous motiver. Comme le dit le neurobiologiste Andrew Huberman, « penser à l'échec est plus efficace que de visualiser le succès ».

N'oubliez pas qu'en fin de compte, *vous* êtes la source ultime de motivation. C'est une force supérieure qui a décidé de la séquence précise d'activités que vous voyez à présent dans votre agenda. Cette force supérieure, c'était vous, dans un moment de calme et de lucidité, avant le chaos de la journée. À qui mieux vous fier ? Cette personne, vous dans le passé, peut faire office de gardien de la motivation pour votre personne dans le présent, si celle-ci daigne l'écouter.

APTITUDE

L'un des concepts clés du modèle comportemental de Fogg est le suivant : plus le comportement est facile à adopter, moins la motivation nécessaire est importante. Et inversement, plus le comportement est difficile, plus le niveau de motivation nécessaire est élevé. Alors, même si vous ne manquez pas de motivation, facilitons autant que possible le timeboxing.

La planification des boîtes de temps n'exige de vous que 15 minutes d'effort pour améliorer le reste de votre journée. Un effort rentable ! Néanmoins, votre première action doit être aussi petite que possible. Au lieu de penser à ces 15 minutes de planification, pensez à cette première action. Il peut s'agir d'ouvrir Microsoft Outlook ou Google Agenda. Ou de fermer les yeux pendant une minute et d'observer les priorités qui vous viennent à l'esprit. Identifiez ce premier petit élément qui mettra le reste en mouvement. Il doit être facile, concret et pratique. Après avoir réalisé cette première action, il y a de fortes chances que vous poursuiviez votre planification.

Pour mettre en œuvre (action) les activités de vos boîtes de temps, l'effort est concentré sur une seule tâche. Une seule. Pas toujours plaisante ni stimulante. Mais il n'y en a qu'une, sélectionnée avec soin par vous-même quelque temps plus tôt, pour vous libérer des milliers d'autres. Et vous ne serez pas penché dessus bien longtemps – à peine 15 (ou 30, ou 60) minutes.

DÉCLENCHEUR

Un déclencheur est quelque chose qui vous dit : « Fais cette chose maintenant. » Certains proviennent de notre environnement naturel, comme la pluie qui nous incite à ouvrir notre parapluie. Mais pour de nombreuses habitudes, comme le timeboxing, ces déclencheurs doivent être conçus de toute pièce.

Quel sera le déclencheur qui vous rappellera chaque jour de planifier ? Pour ceux d'entre nous qui utilisent un agenda numérique, la réponse est simple : c'est le rendez-vous de 15 minutes inscrit en début de journée. Dans le chapitre 9, je vous ai exhorté (déclencheur !) à ajouter cette boîte de temps récurrente dans votre agenda. Si vous ne l'avez pas encore fait, allez-y (deuxième déclencheur).

Donnez à ce rendez-vous quotidien toutes les chances de fonctionner comme un déclencheur. Pour qu'il marche pour vous, vous devez le voir à temps, tous les jours. Si vous consultez déjà votre agenda dès le début de votre journée, vous ne le manquerez pas et ce ne sera pas un problème. Mais si vous commencez par une autre activité, demandez-vous comment passer de cette activité au rendez-vous « Timeboxer la journée » de votre agenda.

Voici quelques exemples :
- Si vous commencez par vous doucher ou vous brosser les dents, collez une note sur le miroir ou près de la porte pour vous rappeler de consulter votre agenda.
- Si votre première activité est de boire un café, collez un post-it sur le placard de la cuisine dans lequel vous rangez vos tasses.
- Si vous commencez par lire les informations sur votre tablette au saut du lit, créez un rappel (quotidien) sur votre appareil pour vous inciter à consulter votre agenda.

Quel que soit le comportement que vous choisissiez pour vous mettre à timeboxer, pensez surtout à sa toute dernière action. Fogg parle de la « traînée » du comportement. Imaginons que votre première activité est de prendre une douche. Quelle est la toute dernière étape de ce processus ? Placer des vêtements dans le panier à linge sale, éteindre la lumière, mettre du parfum ? Quelle qu'elle soit, elle doit vous servir de déclencheur pour aller timeboxer. C'est un peu plus difficile si vous n'êtes pas dans la même pièce que celle où vous souhaitez timeboxer. Dans ce cas, répétez à voix haute plusieurs fois « ensuite, je vais timeboxer » pendant ce moment de transition pour vous rendre dans la pièce désirée.

Cette méthode qui consiste à raccrocher le comportement que vous essayez d'adopter (le timeboxing) à une autre habitude déjà existante (douche, café, tablette) est appelée l'« ancrage » par Fogg. James Clear a ensuite utilisé le terme « empilement d'habitudes[1] ».

---

1. James Clear, « How to Build New Habits by Taking Advantage of Old Ones », *Habit Stacking* (https://jamesclear.com/habit-stacking#) où James Clear attribue l'idée à Fogg.

Et quels sont les déclencheurs qui vous inciteront à exécuter les tâches de vos boîtes de temps ? Facile : ce sont les boîtes de temps elles-mêmes. Vous n'avez qu'à suivre scrupuleusement votre agenda.

Bien entendu, certaines interruptions au fil de la journée vous détourneront de votre programme. Votre téléphone sonne, votre fille vous pose une question, quelqu'un frappe à la porte. La clé est de prendre conscience que votre attention a été déviée. Et ce moment doit être un déclencheur qui vous rappelle de retourner à votre agenda. Par exemple, beaucoup d'entre nous vont s'asseoir à leur bureau plusieurs fois par jour (après une pause, une réunion, etc.). Notre déclencheur positif est l'agenda, mais il ne fonctionnera que si nous le consultons. Alors, quand vous vous rasseyez à votre bureau, que faites-vous ? Vous ouvrez votre ordinateur portable ? Dans ce cas, collez une note dessus pour vous rappeler de consulter votre programme. La première chose que vous voyez est votre écran de veille ? Transformez-le en message de rappel. Vous tirez votre chaise de sous le bureau ? Là aussi, une note habilement placée peut vous servir de rappel, pile quand vous en avez besoin.

•••

Le timeboxing n'est pas un tout nouveau comportement. Nous avons tous, déjà, des rendez-vous, des réunions et des horaires, et la plupart d'entre nous utilisent déjà un agenda numérique. De ce fait, l'habitude que vous devez prendre n'est que le prolongement d'un comportement existant, pas la création d'un nouveau. Vos chances de réussite sont bonnes. À vrai dire, il est même possible que vous transformiez le timeboxing en habitude le temps de lire ce livre.

Les habitudes qui comptent sont celles qui restent. Suivez les conseils de ce chapitre, et vous serez bientôt un pro du timeboxing, capable d'adopter facilement d'autres habitudes secondaires.

RÉCAPITULATIF

- Timeboxer régulièrement aura un effet considérable sur votre vie.
- Le timeboxing est une habitude fondamentale qui peut guider et organiser de nombreuses autres habitudes.
- Le modèle comportemental de Fogg dit : comportement = motivation × aptitude × déclencheur. Ces trois éléments sont essentiels pour créer une habitude. Vous les possédez déjà tous les trois dans une certaine mesure.
- Ancrer le timeboxing (planification et action) à une habitude existante rend la chose encore plus facile.
- Le timeboxing n'est pas nouveau. C'est un prolongement et un renforcement d'un comportement existant (l'usage de votre agenda), ce qui rendra son adoption encore plus simple.

RÉFLEXION

- Examinez votre motivation et votre aptitude à timeboxer. Comment pourriez-vous les renforcer ?
- Envoyez-vous un e-mail pour plus tard (un e-mail programmé pour dans un mois) listant les raisons qui vous ont poussé à vous lancer dans le timeboxing. Quand vous recevrez cet e-mail, demandez-vous si le timeboxing est entretemps devenu une habitude pour vous.
- Quand vous avez du mal à commencer ou à terminer une boîte de temps, demandez-vous pourquoi. La tâche est-elle ennuyeuse ? Trop difficile ? Ou est-elle pour une personne en particulier ? Ou est-ce quand il s'agit d'une boîte de temps récurrente ?
- Téléchargez un écran de veille pour vous inciter à retourner à votre agenda. Vous pouvez le télécharger sur marczaosanders.com/rtc. Ou mieux encore, créez-le vous-même.

20

PLEINE CONSCIENCE

> *Rien ne vaut l'instant présent.*
>
> Mary Manley

Mots-clés	Contrôle du mental, méditation, zen, moment présent, sanctuaire, pouvoir d'action, points communs
Nombre de mots	1 095
Temps de lecture	5 minutes

Il peut être utile et inspirant de voir le timeboxing comme une forme de pleine conscience, pragmatique et accessible. Utile, si vous avez un peu d'expérience en la matière et que vous savez comment atteindre un tel état méditatif. Et inspirant, si vous désirez mener une vie plus consciente. La pleine conscience désigne **une attitude de présence et d'attention totale, dans laquelle nous sommes conscients de notre environnement et de notre activité, sans être perturbés par ce qui nous entoure**.

À la lecture de cette définition, vous remarquerez peut-être que le timeboxing possède plusieurs de ces caractéristiques. Mais le timeboxing est plus facile et plus accessible pour certains d'entre nous.

LA PLEINE CONSCIENCE ET LE TIMEBOXING SE RESSEMBLENT

Les similitudes sont nombreuses et frappantes. Laissez-moi en décrire quelques-unes.

Les deux pratiques ont pour but d'accroître le contrôle de notre esprit. Nous nous lançons dans un projet qui exige un certain effort mental, nous rencontrons des distractions, nous prenons conscience de ces distractions – une compétence métacognitive – et nous revenons à notre activité de départ, sans jugement ni culpabilité. Une courte pause pour se recentrer (qui peut elle-même être timeboxée) entre deux réunions permet de créer un tampon cognitif qui sépare la première activité mentale de la seconde, ce qui améliore l'expérience des deux réunions et démontre la possible combinaison des deux méthodes. Elles nous aident à renforcer notre pouvoir d'action et notre sentiment de contrôle.

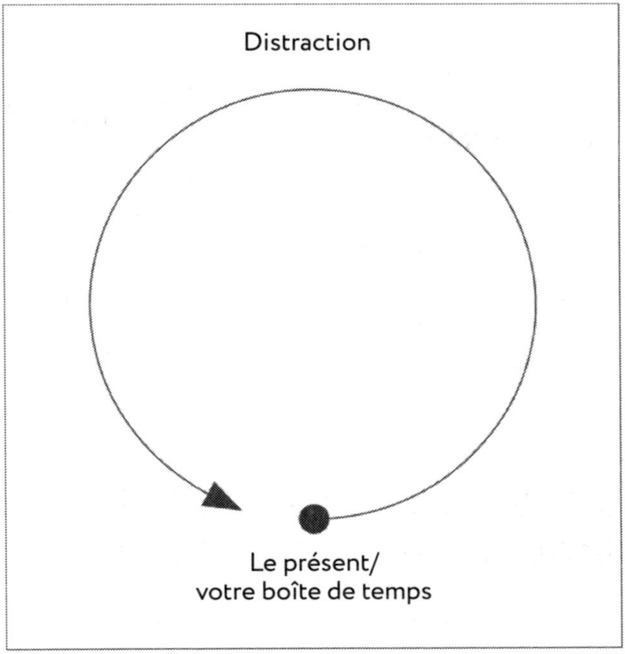

Les deux pratiques nous aident à nous sentir moins dépassés. La pleine conscience nous permet de gérer le volume abrutissant de données sensorielles auxquelles nous sommes exposées au quotidien, pour nous reconcentrer sur ce qui importe et savourer pleinement. Le timeboxing nous permet de gérer le nombre ahurissant de choix que nous devons faire à tout instant ; de sélectionner une tâche, de mettre le reste de côté et de nous focaliser uniquement sur l'activité qui compte.

Les deux méthodes ont pour but de recentrer notre attention sur un seul objet. Elles nous protègent des pensées et ressentis qui pourraient venir nous perturber : elles sont un refuge et un abri, un lieu sûr et un bastion ; et même un sanctuaire, un havre de paix, une oasis.

Toutes deux nous permettent d'accéder à cette force supérieure que nous incarnons quand notre esprit est apaisé. Avec la pleine conscience, nous remarquons et comprenons nos pensées les plus profondes et nos émotions enfouies – les aspects de notre vie réellement excitants, effrayants ou importants pour nous à ce moment précis. Avec le timeboxing, nous bénéficions d'un lien constant qui nous ramène à ce que nous avons planifié quand nous étions sereins et lucides.

Toutes deux donnent la priorité au présent, et non au passé ou au futur. La pleine conscience dirige notre attention sur le moment présent. Comme le dit l'écrivain Sam Harris : « Le futur n'arrive jamais[1]. » De la même manière, le timeboxing nous incite à vivre uniquement dans les limites de la boîte de temps.

Toutes deux peuvent nous aider à cultiver la gratitude. La pleine conscience nous invite à savourer le moment présent et à apprécier tout ce dont nous jouissons et que nous avons tendance à tenir pour acquis. Le timeboxing nous rappelle que la montagne de choix qui se dresse devant nous, aussi pénible et écrasante qu'elle soit, est un privilège auquel peu d'autres humains ont eu droit dans l'histoire de notre espèce.

Les avantages du timeboxing (décrits dans la partie I) correspondent à ceux de la pleine conscience. Cette dernière nous permet de mieux nous connaître en prenant conscience de nous-mêmes. D'atteindre un plus haut niveau de sérénité en pratiquant l'acceptation. De réfléchir plus intelligemment en favorisant la clarté de l'esprit. De mieux collaborer en puisant dans l'empathie et la bienveillance. D'accomplir plus de choses en nous concentrant. Et de mener une vie satisfaisante en la rendant intentionnelle.

---

1. Sam Harris, « Death and the Present Moment », discours lors de la Global Atheist Convention, avril 2012.

MAIS LE TIMEBOXING EST PLUS FACILE

Depuis plus de deux millénaires, les individus ont tiré d'énormes bienfaits de la pratique de la pleine conscience – meilleure compréhension de soi, atténuation du stress et augmentation du bien-être.

Mais atteindre et maintenir cet état mental n'est pas chose aisée, car il est à la fois impalpable et éphémère. Il n'est pas évident de savoir quand cet état de pleine conscience est atteint. Et de l'extérieur, personne ne peut en juger. Le timeboxing, en revanche, est une sorte de livre solide, que vous tenez dans vos mains, accessible à tout moment.

La boîte de temps est concrète. C'est un rendez-vous dans votre agenda. Vous pouvez la montrer du doigt. Vous pouvez la modifier. Elle vous dit précisément quoi faire et quand. Elle n'a rien de furtif.

La boîte de temps est flexible. En 30 minutes, vous avez le temps de vous tromper, de vous laisser distraire, de remarquer la distraction et de reporter votre attention sur la tâche en cours, plusieurs fois si nécessaire.

L'issue de la boîte de temps (échec ou réussite) est claire. Nous réalisons la tâche dans les temps, ou non. Nous réussissons ou nous échouons. Quelle que soit l'issue, nous réfléchissons et nous nous améliorons. Mais la boucle de rétroaction est plus claire et plus instructive grâce à ce résultat explicite.

Ce chapitre – et ce livre dans son ensemble – ne cherche en rien à discréditer la tradition de la pleine conscience. Mais peut-être que pour certaines personnes, le timeboxing, étant plus facile et plus concret, peut servir de tremplin vers une vie plus consciente.

•••

Le timeboxing et la pleine conscience peuvent s'entraider. En les associant, vous trouverez peut-être le timeboxing plus attrayant et la pleine conscience plus accessible.

RÉCAPITULATIF

- La pleine conscience et le timeboxing partagent de nombreuses caractéristiques.
- Le timeboxing est, pour beaucoup, plus accessible.
- Le timeboxing peut servir de tremplin vers la pleine conscience.

RÉFLEXION

- Pouvez-vous penser à d'autres points communs entre la pleine conscience et le timeboxing ?
- Dans quelles autres situations recentrez-vous activement votre attention ? Quand y arrivez-vous ? Quand avez-vous du mal à le faire ?
- Créez une boîte de temps de 15 minutes pour méditer sur le timeboxing. Fermez les yeux, pensez au timeboxing et observez ce qui se passe. Après quoi, notez ce dont vous vous souvenez. À présent, voyez-vous d'autres points communs entre les deux pratiques ?

21

DE MEILLEURES PAUSES

« *Reposez-vous et soyez reconnaissant.* »

William Wordsworth

Mots-clés	Repos, récupération, énergie, ressourcement, pause, répit, détente, relaxation, fermer les yeux, respirer, respiration profonde
Nombre de mots	1 669
Temps de lecture	8 minutes

Nous ne réfléchissons pas assez à la meilleure manière de faire des pauses. La plupart d'entre nous s'arrêtent quand l'épuisement mental ou physique est déjà là, et quand notre état n'est pas idéal pour choisir à quoi consacrer ce moment. Pour y remédier, trouvons une approche plus intentionnelle de faire des pauses, nous reposer et nous ressourcer.

Les pauses sont essentielles. Une étude menée par Microsoft en 2021[1] a utilisé des électroencéphalogrammes (EEG) pour comparer l'activité bêta (associée au stress) entre des participants enchaînant des réunions virtuelles et des participants faisant de courtes pauses (10 minutes) entre les réunions. L'expérience a dégagé trois conclusions. Premièrement, les pauses permettent à notre cerveau de se réinitialiser et de réduire l'accumulation du stress causé par une journée chargée. Deuxièmement, elles engendrent des niveaux positifs d'asymétrie frontale alpha (associée entre autres à une meilleure capacité de concentration et d'engagement). Troisièmement, l'enchaînement immédiat d'une réunion à une autre entraîne une hausse du stress. Les pauses nous aident à nous détendre et à être plus performants.

Si elles sont importantes, nous avons tous besoin d'en tirer quelque chose de différent. Je me concentrerai ici sur les pauses durant la journée, mais nous aborderons aussi brièvement les week-ends et les vacances.

Dans de nombreux pays, il existe même des obligations légales pour les employeurs et des droits pour les employés en matière de pauses. Au Royaume-Uni, par exemple, toute personne travaillant plus de quatre heures et demie d'affilée a droit à une pause de 30 minutes minimum.

Je pars du principe que la plupart des lecteurs ont connaissance de leurs droits à ce sujet. Je pars aussi du principe – comme je l'ai fait tout au long de ce livre – que vous jouissez d'une certaine liberté pour choisir et planifier vos pauses.

1. « Research Proves Your Brain Needs Breaks », Work Trend Index, Microsoft, 2021, www.microsoft.com/en-us/worklab/work-trend-index/brain-research.

Alors, pourquoi faire des pauses, que faire et pendant combien de temps ?

DANS QUEL BUT ?

Répartissons les activités à faire pendant une pause en fonction de leur *but*. Nous revenons ainsi à l'intentionnalité du timeboxing et au pouvoir d'action que la méthode appelle et favorise. Ainsi, s'il est tout à fait possible de les répartir autrement (but social, divertissement, apprentissage, etc.), cela ne permettrait pas d'atteindre le fond du problème, le pourquoi. Nous faisons des pauses :

- **Pour notre esprit.** Pour reposer ou divertir notre cerveau afin de réduire notre stress et de nous préparer au mieux à l'activité qui suivra.
- **Pour notre corps.** Pour le nourrir, par l'activité physique ou l'inactivité.
- **Pour nous récompenser.** Comme nous l'avons vu dans le chapitre 19, les récompenses sont une source de motivation qui permet d'établir des liens positifs dans notre cerveau entre la réaction et la récompense, ce qui nous aide à transformer une pratique en habitude.

L'activité pour laquelle nous optons (voir ci-après) s'inscrit dans l'une ou plusieurs de ces catégories, et nous devons la choisir en fonction du but qu'elle sert.

Beaucoup de gens utilisent aussi les pauses pour des buts non essentiels – paperasse, apprentissage, développement de carrière. Si ces activités sont louables, elles représentent plutôt des tâches et devraient, à mon sens, être traitées comme telles par le timeboxing.

QUE FAIRE DE CES PAUSES ?

Les possibilités sont nombreuses ! Pourtant, la plupart d'entre nous ne réfléchissent pas vraiment aux options disponibles. Remédions-y grâce à une sélection de certaines des pratiques les plus reposantes, classées en fonction des trois buts susmentionnés :

Activité	Pour l'esprit	Pour le corps	Pour se récompenser
Méditer	✓		✓
Faire une sieste éclair	✓	✓	✓
Fermer les yeux quelques instants	✓		
Faire des exercices de respiration	✓	✓	✓
S'éloigner des écrans	✓	✓	
Faire une petite balade[2]	✓	✓	✓
Prendre une collation		✓	✓
Boire	✓	✓	✓
Regarder dehors (si possible, contempler la nature)	✓	✓	✓
Faire du sport de haute intensité, comme un footing rapide		✓	
Faire du sport de faible intensité, comme du yin yoga	✓	✓	✓
Parler à un collègue	✓		✓
Se reconnecter à quelqu'un	✓		✓
Consulter ses messages			✓
Lire un livre	✓		✓
Ranger son bureau	✓		✓

2. Le philosophe Emmanuel Kant en était adepte.

Activité	Pour l'esprit	Pour le corps	Pour se récompenser
Se motiver pour la prochaine réunion à enjeux élevés[3]	✓		
Aller dans la nature	✓	✓	✓
Rêvasser	✓		
S'étirer	✓	✓	✓
Appeler un membre de sa famille	✓		✓
Lire un article qu'on attendait impatiemment de lire	✓		✓
Exprimer sa gratitude envers quelqu'un	✓		✓
Écrire dans son journal de bord	✓		
Gribouiller	✓		✓
Prier	✓		✓
Aller aux toilettes		✓	

Toutes ces activités peuvent et doivent être adaptées à votre contexte. Par exemple, le bon type de nourriture ou de boisson sera différent d'une personne à l'autre. Cela étant, il est utile de tenir compte de ce que nous dit la science – les boissons contenant des protéines, des glucides ou des lipides n'ont pas le même effet sur la performance cognitive[4]. Certains livres peuvent vous apporter du repos ou une récompense, d'autres font l'inverse. Il en va de même pour les interactions avec des collègues ou des membres de votre famille. Ainsi, en fonction de la situation, choisissez ce que vous ferez de votre pause en puisant dans les nombreuses options disponibles.

3. Cela peut prendre la forme d'une visualisation, d'exercices de respiration, d'une révision de vos notes, d'une répétition, d'affirmations positives.
4. R. J. Kaplan, *et al.*, « Dietry protein, carbohydrate and fat enhance memory performance in healthy elderly », Am J Clin Nutr, 2001, https://pubmed.ncbi.nlm.nih.gov/11684539.

La liste ci-dessus se veut inclusive et non moralisatrice. Elle a aussi pour but de vous inciter à réfléchir à vos activités pendant vos pauses, pas à vous forcer à suivre ces exemples. Il n'y a que vous – en particulier, lorsque vous êtes au calme – qui puissiez savoir ce qui est le mieux pour vous. Et pour le découvrir, vous devrez prêter attention à ce que vous tirez de chacune de vos pauses et de leur effet sur vous. Vous pourrez ensuite ajuster et modifier en conséquence.

Pour terminer, notons que les distractions mentales peuvent aussi vous procurer des avantages indirects, comme la résolution d'un problème qui vous tracassait. Parfois, notre esprit en mode non concentré trouve des sentiers que notre esprit en mode concentré ne voyait pas. David Ogilvy l'explique très bien : « Bourrez votre esprit conscient d'informations, puis désenclenchez votre processus de pensée rationnelle. Vous pouvez soutenir ce processus en allant vous balader longuement ou en prenant un bon bain chaud. »

PENDANT COMBIEN DE TEMPS ?

On recommande en général de prendre quelques minutes de pause toutes les 45 à 60 minutes. Certaines données, largement partagées en ligne, suggèrent de s'arrêter exactement toutes les 52[5] minutes pour faire une pause de 17 minutes – ce serait le mode opératoire des personnes les plus performantes. D'autres études, moins citées mais plus documentées, indiquent que 10 minutes d'exercice aérobique[6] peuvent être extrêmement bénéfiques sur

5. Derek Thompson, « A Formula for Perfect Productivity », *The Atlantic*, 2014, https://www.theatlantic.com/business/archive/2014/09/science-tells-you-how-many-minutes-should-you-take-a-break-for-work-17/380369.
6. Cristiano R. R. Alves, *et al.*, « Influence of Acute High-Intensity Aerobic Interval Exercise Bout on Selective Attention and Short-Term Memory Tasks », Perceptual and Motor Skills, 2014, https://journals.sagepub.com/doi/abs/10.2466/22.06.PMS.118k10w4.

le plan cognitif, et que de brèves distractions[7] peuvent améliorer notre concentration.

Mais une nouvelle fois, il n'y a que ce qui fonctionne réellement pour vous qui compte. À vous d'expérimenter et de comprendre de quoi il s'agit. Et si négliger les pauses peut entraîner une baisse de la performance, en prendre trop ou trop longtemps peut aussi avoir un effet néfaste. Nous devons tous trouver le juste équilibre. Pour y parvenir, il faut être attentif. Quelle est la durée des pauses qui *ne vous aident pas* à vous sentir reposé ? Quelle est la durée des pauses qui vous ont semblé trop longues ? Ne foncez pas tête baissée vers les activités qui vous attirent naturellement dès que vous faites une pause ; prenez le temps de trouver celles qui vous permettent vraiment de vous ressourcer.

J'ai tendance à faire des pauses de 5 à 10 minutes. Cinq minutes pour les boîtes de temps de 30 minutes (soit 25 minutes sur la tâche) et 10 minutes pour les boîtes de 60 minutes (soit 50 minutes sur la tâche). Je ne prends que rarement de pause pour les boîtes de 15 minutes. Mes paramètres sont programmés sur 25 et 50 minutes, ce qui me permet d'inclure efficacement les pauses dans mes boîtes.

EN DEHORS DU TRAVAIL

Le repos n'est pas seulement nécessaire au cours des journées de travail. En réalité, nous nous ressourçons bien plus en dehors des heures de travail, pendant notre temps libre, nos jours de repos et nos vacances.

Comme pour les pauses disséminées au cours de la journée, il est important d'adopter une approche intentionnelle pour choisir quoi faire de notre temps libre et de nos vacances. Demandez-vous ce que vous cherchez à en tirer – quel est votre but – et

7. « Brief Diversions Vastly Improve Focus », *Science Daily*, 2011, https://www.sciencedaily.com/releases/2011/02/110208131529.htm.

pensez à timeboxer ces moments. J'utilise le timeboxing pour environ la moitié de mon temps libre, de mes jours de repos et de mes vacances.

•••

Les pauses font partie intégrante du timeboxing. En les choisissant bien, nous atténuons notre stress et augmentons notre productivité. Tenez compte des facteurs expliqués dans ce chapitre et organisez vos pauses de manière intentionnelle pour vous détendre, vous remotiver et vous régénérer. Vous êtes maître de vos expériences – à vous de trouver le juste équilibre entre travail, créativité, interactivité et repos.

RÉCAPITULATIF

- Nous avons besoin de faire des pauses pour reposer notre corps et notre esprit, et pour nous récompenser de notre dur labeur.
- Réfléchissez de manière ouverte et proactive au contenu possible de vos pauses – les options sont légion.
- Le ratio idéal correspond à environ 5 minutes de pause par tranche de 30 minutes de travail.
- Le repos en dehors du travail est tout aussi important et doit être planifié de manière délibérée.

RÉFLEXION

- Parmi les activités listées dans le tableau de ce chapitre, lesquelles vous aident le plus à vous reposer (ces choses ne sont pas évidentes à évaluer !) ?
- Essayez de penser à deux ou trois autres activités constructives qui ne font pas partie de la liste.
- Lors d'une journée type, qu'est-ce qui vous paraît le plus gratifiant : reposer votre corps ou votre esprit ? Lequel des deux a le plus besoin de repos à l'heure actuelle ?

22

UN MEILLEUR SOMMEIL

« *Pour moi, la lumière est le signal de la transition. Ce n'est pas être dans la lumière, c'est être là avant qu'elle n'arrive.* »

Toni Morrison

Mots-clés	Sommeil, sieste, hygiène de sommeil, confort, rythme circadien, routine de sommeil
Nombre de mots	1 675
Temps de lecture	7 minutes

Imaginez que vous avez une réunion titanesque de 8 heures devant vous. Votre présence est exigée pendant toute sa durée. Et votre performance au cours de cette réunion aura des conséquences considérables sur votre bien-être tout au long de la journée qui la suit, et au-delà. J'imagine que vous vous prépareriez sérieusement à une réunion avec de tels enjeux, n'est-ce pas ? Eh bien, nous avons tous un tel rendez-vous chaque nuit, auquel bien peu d'entre nous se préparent réellement.

Jusqu'à présent, ce livre s'est focalisé sur les 16 heures d'éveil que nous répartissons entre travail et temps libre. Il nous reste donc 8 heures à consacrer au sommeil. Comment le timeboxing peut-il nous aider à gérer ce dernier tiers de notre vie quotidienne ?

Je m'appuierai ici sur plusieurs postulats. Premièrement : le sommeil a un impact non négligeable sur l'humeur, la santé et la productivité. Deuxièmement, une bonne hygiène de sommeil inclut (sans s'y limiter) :

- des horaires de coucher réguliers ;
- de l'activité physique tôt dans la journée plutôt que tard ;
- des siestes judicieusement programmées ;
- la diminution ou la suppression d'alcool, de nicotine, de café et d'autres stimulants juste avant l'heure de coucher prévue ;
- une exposition à la lumière, de préférence naturelle, pendant la journée ;
- un environnement calme et confortable, dans le noir et à la bonne température ;
- l'absence, dans la mesure du possible, d'activités stimulantes avant le coucher, en particulier l'inquiétude.

L'hygiène de sommeil[1] fait l'objet de nombreuses études scientifiques[2]. Le but de ce chapitre sera d'expliquer comment le

---

1. Si l'histoire et la science derrière ces hypothèses vous intéressent, je vous recommande : *Why We Sleep* de Matthew Walker ou *Life Time* de Russell Foster.
2. Leah A. Irish, *et al.*, « The role of sleep hygiene in promoting public health: A review of empirical evidence », *Sleep Medicine Reviews*, 2015, https://www.sciencedirect.com/science/article/abs/pii/S1087079214001002?via%3Dihub.

timeboxing peut nous aider à améliorer cette hygiène pour améliorer sa qualité, mais aussi notre humeur, notre santé et notre productivité.

LE MATIN

La marche à suivre pour une bonne nuit de sommeil commence dès le lever.

Il est important de nous exposer à la lumière naturelle peu de temps après le réveil afin de :

- réguler notre rythme circadien. Cette étape nous réveille et nous anime au moment propice, et nous aide à nous endormir 16 heures plus tard ;
- booster notre humeur et notre niveau d'énergie. La lumière naturelle stimule la production de sérotonine, un neurotransmetteur qui régule l'humeur et améliore la vigilance et la concentration ;
- augmenter notre taux de vitamine D. L'exposition à la lumière du soleil permet à notre corps de synthétiser la vitamine D (qui assure la bonne santé de nos os, de nos dents, de nos muscles et de notre système immunitaire) ;
- accroître notre productivité. Les recherches ont prouvé que la lumière naturelle améliorait la performance cognitive, la vigilance et la productivité.

Si vous vous réveillez avant le lever du jour, prenez exemple sur Toni Morrison et profitez de la pénombre et de l'apparition des premiers rayons du soleil. Si vous n'en avez pas l'occasion, utilisez une lumière artificielle et faites le plein de lumière naturelle dès que possible.

Dans la journée, essayez de travailler dans un environnement baigné de lumière naturelle – une étude a révélé que les individus exposés aux rayons du soleil pendant la journée dormaient

46 minutes de plus que ceux qui travaillaient dans des environnements privés d'une telle lumière[3].

Faites du sport le matin (ou en début d'après-midi). Les personnes qui bougent pendant la journée dorment mieux que les autres, mais l'exercice physique juste avant le coucher peut avoir une incidence négative sur le sommeil.

Insérez ces mesures favorisant le sommeil dans des boîtes de temps. Votre première boîte de la journée doit vous inciter à exposer vos rétines à la lumière naturelle. Si votre première tâche consiste à timeboxer votre journée (et j'en serais ravi si c'était le cas), organisez-vous pour pouvoir le faire dans un endroit bénéficiant de lumière naturelle. Et créez une boîte de temps pour faire du sport le matin (ou en début d'après-midi), quand votre corps en a le plus besoin.

LES SIESTES

Les siestes apportent des bienfaits similaires à ceux de la lumière naturelle. Faites correctement, elles peuvent améliorer l'humeur, la vigilance et les fonctions cognitives. Pour beaucoup, elles aident surtout à surmonter un coup de mou dans la journée, qui survient généralement dans l'après-midi, après le repas.

La demande est importante. Les « *sleeping pods* », ou capsules de sommeil, sont encore rares, mais gagnent en popularité dans les entreprises qui cherchent à prendre soin de leur personnel (tout en maximisant leur productivité, bien sûr). Et les *siestas*, *riposinos*, *inemuris* et *wushuì* (diverses formes de repos pendant la journée, souvent pendant l'après-midi) font partie intégrante de nombreuses cultures depuis des siècles.

---

3. Mohamed Boubekri, *et al.*, « Impact of Windows and Daylight Exposure on Overall Health and Sleep Quality of Office Workers », JCSM, 2014, https://jcsm.aasm.org/doi/10.5664/jcsm.3780.

Si vous souhaitez et pouvez faire la sieste, faites-la correctement : elle doit idéalement durer entre 20 et 30 minutes pour vous apporter ses bienfaits sans altérer le reste de votre journée ni votre nuit de sommeil. Préparez votre environnement pour le rendre propice au sommeil (voir la section suivante). Une méditation guidée, par exemple avec du yoga nidra, peut vous y aider. Si vous avez la chance de pouvoir intégrer régulièrement des siestes dans votre emploi du temps, essayez de les faire à la même heure pour que votre corps s'y habitue et, mieux, s'y attende. Autrement dit, insérez-les dans des boîtes de temps.

Enfin, expérimentez pour trouver ce qui fonctionne pour vous. Durée, horaires, musique, caféine, siestes, diffuseurs, autohypnose, projection astrale : à vous d'explorer tous ces facteurs pour trouver chaussure à votre pied.

LE RITUEL DU SOIR

Pour améliorer la qualité de votre sommeil, suivez une routine de préparation au coucher.

Procédez à rebours. À quelle heure voulez-vous vous réveiller ? Disons à 7 h. Pour dormir durant un total de 8 heures, vous devrez donc vous coucher à 23 h. Commencez à vous préparer au coucher environ deux heures avant – dès 21 h, dans notre exemple. Cela ne veut pas dire ne rien faire d'autre, mais vérifier que quelques conditions sont respectées et vous abstenir de certaines activités qui risquent de nuire à votre sommeil.

Nous avons déjà abordé les trois premiers points de notre liste de facteurs pour une bonne hygiène de sommeil. À présent, diminuez ou supprimez votre consommation d'alcool et autres stimulants. Réduisez votre exposition au bruit et baissez le volume si vous écoutez de la musique ou regardez un film. Réduisez aussi votre exposition lumineuse en tamisant les lumières de la pièce et en évitant à tout prix d'exposer vos yeux à la lumière bleue émise par la plupart des écrans LED devant lesquels nous passons déjà une grande partie de la journée (la plupart des smartphones et ordinateurs portables permettent aujourd'hui d'ajuster les paramètres de la lumière bleue). Préparez votre environnement pour un maximum de confort. Pour nous endormir, la température de notre corps doit baisser – pour la plupart d'entre nous, cette fourchette se situe entre 18 et 20 degrés Celsius. Enfin, misez sur des activités reposantes.

À faire	**À éviter**
– prendre un bain chaud – se faire masser – méditer – écrire dans son journal – écouter de la musique calme ou un podcast relaxant – ranger paisiblement ses affaires	– regarder un film d'horreur – jouer à des jeux vidéo – manger un repas lourd – se lancer dans une conversation conflictuelle – regarder sa boîte de réception et tomber dans une spirale de réflexions liées au travail

En éliminant simplement les écrans une heure ou deux avant de vous coucher, vous tirerez 90 % des bienfaits listés ci-avant. Le timeboxing peut également servir à nous *empêcher* de faire quelque chose pendant une certaine période, et cette abstinence volontaire est un comportement important à transformer en habitude – 90 % d'entre nous n'y parviennent pas[4].

En conclusion, ajoutons que les conseils prodigués dans ce chapitre sont valables pour votre entourage. Vos enfants, votre partenaire, vos colocataires et autres peuvent aussi bénéficier de certaines de ces pratiques. Si vous pouvez les pousser dans

4. Fahdah A. Alshobaili, *et al.*, « The effect of smartphone usage at bedtime on sleep quality among Saudi non-medical staff at King Saud University Medical City », JFMPC, 2019, https://www.ncbi.nlm.nih.gov/pmc/articles/PMC6618184.

la bonne direction, faites-le. Les nuits perturbées des individus à proximité nuisent tout autant à votre sommeil. Et puis, ces conseils sont aussi pour leur bien.

•••

Une bonne nuit de sommeil améliore l'humeur, la santé et la productivité. Une bonne hygiène de sommeil favorise une bonne nuit de sommeil. Et l'insertion de certains comportements et certaines activités dans vos boîtes de temps favorise une bonne hygiène de sommeil. Par conséquent, ajoutez votre rituel du coucher dans votre agenda.

RÉCAPITULATIF

- Le sommeil est essentiel pour l'humeur, la santé et la productivité.
- L'hygiène de sommeil consiste à prendre des mesures pour améliorer la qualité du sommeil.
- Incluez ces mesures dans votre timeboxing : exposition matinale à la lumière naturelle, exercice physique, siestes programmées et préparation au coucher (réduction du bruit et de la lumière, activités calmes, pas d'écrans).
- Ces pratiques peuvent également profiter à votre entourage.

RÉFLEXION

- Créez dès maintenant des boîtes de temps récurrentes pour l'exposition à la lumière et le sport.
- Comment est votre hygiène de sommeil ? Listez vos pratiques positives et négatives. Quels comportements favorables pourriez-vous adopter ? Quels comportements défavorables pourriez-vous éliminer ?
- Trouvez une chose que vous pouvez faire dès à présent pour supprimer un comportement néfaste à votre sommeil.
- Pour vous préparer au chapitre suivant et vous encourager à réfléchir à tous les supports d'aide au sommeil qui pourraient vous aider, quelles sont les technologies que vous possédez qui pourraient améliorer votre sommeil ? Applications (suivi du sommeil, respiration, méditation guidée), outils de suivi du sommeil (anneau, montre), masques de nuit connectés, matelas intelligents, couvertures lestées et, pour les amateurs, appareils de neurofeedback et EEG.

23

OUTILS ET TECHNOLOGIES

> *La technologie est un serviteur utile mais un maître dangereux.*
>
> Christian Lous Lange

Mots-clés	Hardware, software, fonctionnalités, numérique, analogique, métacognition
Nombre de mots	1 622
Temps de lecture	7 minutes

La version papier de ce chapitre ne vieillira pas bien. Je tiendrai donc à jour une version en ligne à l'adresse : www.marczaosanders.com/tech.

Les progrès technologiques dans leur ensemble ainsi que ceux spécifiques au timeboxing sont incessants. Ces dernières années, diverses startups ont produit de nouvelles applications pour aider les utilisateurs à gérer leurs agendas, leurs to-do lists et leur timeboxing. En parallèle, les plus grandes entreprises technologiques du monde ont lancé plusieurs fonctionnalités dans cette même optique.

Malgré cela, je maintiens que la plupart d'entre nous n'ont pas besoin d'outils, de gadgets et de fonctionnalités à foison pour profiter des avantages du timeboxing. J'utilise un agenda numérique et un document pour mes notes (qui fait aussi office de to-do list).

Mais puisque nous sommes tous différents, les outils numériques, physiques ou mentaux vous seront peut-être utiles. Je vous invite à réfléchir à ce que vous souhaitez en tirer et pourquoi vous en avez besoin. Est-ce pour vous chronométrer, vous rappeler à l'ordre, classer, partager, synchroniser ou autre ? Êtes-vous certain que les outils de base ne vous permettent pas de le faire ?

OUTILS NUMÉRIQUES

Heure

Vous aurez besoin de voir l'heure pour respecter votre programme. Si vous travaillez sur un ordinateur, ce qui est le cas pour beaucoup d'entre nous, vous pouvez voir l'heure en permanence (en général, en haut ou en bas à droite de votre écran). Il est préférable de regarder l'heure sur cet écran plutôt que sur un smartphone, qui risque de vous conduire à d'autres distractions. Les objets physiques comme une montre sont bien entendu aussi envisageables. De manière générale, faites attention aux interfaces qui ouvrent la porte à des dizaines d'autres univers dans lesquels vous n'avez pas besoin de mettre les pieds.

Applications

Toute une panoplie d'applications en matière de productivité, de gestion du temps et même de timeboxing a vu le jour ces dernières années. Si vous cherchez « app de timeboxing » en ligne, toute une liste apparaîtra. Ce qui démontre bien l'existence d'une demande forte, celle de reprendre le contrôle de nos vies et de les rendre plus intentionnelles. Mais les applications sont-elles vraiment un moyen efficace d'atteindre ce but ?

L'un des principaux avantages des applications par rapport à la gestion d'un agenda par vous-même, c'est que l'app le réorganise automatiquement. Le programme change, c'est inévitable. Mais en dix ans de timeboxing, je n'ai jamais trouvé que la réorganisation manuelle de ma journée était un problème, ni pour moi ni pour personne. À vrai dire, le fait de devoir prêter attention et décider moi-même du réagencement de mes rendez-vous m'aide à comprendre les changements de programme et à les insérer en fonction du contexte de ma vie. En déléguant cette autorité à un outil automatique d'intelligence artificielle, ma prise de conscience, mon pouvoir d'action et ma performance s'en verraient diminués.

Ce reproche s'applique aussi à toutes ces nouvelles applications de gestion de to-do list et d'agenda. Néanmoins, je vous recommande d'en tester quelques-unes. Au pire, vous supprimerez l'app quelques jours plus tard. Au mieux, vous aurez trouvé un outil qui vous aidera à pratiquer le timeboxing avec régularité. Ou bien, entre ces deux scénarios, vous découvrirez une astuce de timeboxing à laquelle vous n'aviez pas encore pensé (et moi non plus).

Fonctionnalités pour agendas numériques

Microsoft To Do, une app de gestion des tâches, reprend la plupart des fonctionnalités du timeboxing. Microsoft a aussi récemment créé une fonctionnalité permettant de faire glisser un e-mail sur l'icône de l'agenda pour le transformer en boîte de temps. Focus Time de Google a pour objectif d'aider les utilisateurs à éviter les distractions. Google a également lancé Time Insights, qui fournit des données analytiques pour montrer aux utilisateurs comment ils font usage de leur temps. Parmi toutes ces options, comme je l'ai mentionné dans le chapitre 11, je n'utilise que Time Insights pour suivre et gérer la répartition de mon temps entre les différents domaines de ma vie.

Explorez ces fonctionnalités et d'autres. Puisque vous utilisez certainement déjà un agenda numérique, ajouter une fonctionnalité ne devrait pas vous demander trop d'effort ni vous coûter bien cher.

Grands modèles de langage (LLM)

Au moment de la rédaction de ce livre, ChatGPT est l'application grand public à la croissance la plus rapide de tous les temps. Bien que cette app et d'autres LLM n'aient pas été conçus spécifiquement pour le timeboxing, j'y vois une application utile. Comme souligné dans ce livre, notre performance a tendance à considérablement s'améliorer quand nous avons eu le temps de nous préparer à la tâche en question – quand notre cerveau s'y est préparé. Je recommande de créer des boîtes de temps dédiées à la préparation de réunions afin d'amorcer les mécanismes cognitifs qui nous aident à réaliser la tâche. Et pour de nombreuses tâches, les LLM peuvent accélérer ces mécanismes cognitifs en générant des idées, en résumant du contenu pertinent, en trouvant des documents de référence et en combinant des concepts. Ils peuvent être utilisés lors de la préparation ou lors de la réalisation de la tâche, pour lancer votre réflexion sur un sujet. Dans ce contexte et à cette fin, l'assistance qu'ils fournissent aux humains est claire et sans danger. Quant aux menaces existentielles qu'ils posent à notre espèce et autres sinistres prédictions, je laisse le soin à d'autres de se prononcer.

OUTILS PHYSIQUES

Ils ne sont pas strictement nécessaires, mais vous pourriez en apprécier certains.

Les agendas, carnets et to-do lists existent en version aussi bien papier que numérique. Beaucoup de gens trouvent une certaine satisfaction quand ils peuvent voir, toucher, ressentir et même sentir un objet. Pour d'autres, les avantages du *cloud*, de la synchronisation des appareils et du partage avec d'autres utilisateurs l'emportent très largement sur ceux des méthodes analogiques et démodées. Je fais partie de ce camp, du moins en ce qui concerne le timeboxing.

Mais même les amateurs de technologies modernes ont intérêt à penser au monde physique qui les entoure pour qu'il soutienne leur pratique du timeboxing au lieu de l'entraver. Il est important de nous entourer d'objets qui favorisent notre concentration. Ceux-ci peuvent être *low-tech*, mais ils n'en sont pas moins des technologies[1]. Un sablier est par exemple un moyen efficace de voir combien de temps il vous reste pour réaliser votre tâche, mais aussi pour vous rappeler que c'est ce que vous êtes censé faire et vous remettre sur le droit chemin si vous vous égarez. J'utilise le même sablier, auquel je tiens beaucoup, depuis mes 30 ans. Un post-it portant le mantra « Retourne à l'agenda » peut avoir le même effet. Il existe aussi des minuteurs cubiques (qui sont à la fois numériques et physiques) avec des unités de 15, 20, 30 et 60 minutes (très proches des tailles proposées dans le chapitre 12 pour vos boîtes de temps) qui pourraient plaire à certains.

OUTILS MENTAUX

Les compétences métacognitives sont des outils essentiels au timeboxing. Si les technologies numériques et les outils physiques peuvent nous aider à réduire le risque de distraction, rester concentrés et éviter les spirales, nous ne pouvons pas échapper aux pensées intrusives. La seule solution est d'apprendre à les

1. Une définition simple de « technologie » : l'application des connaissances à des fins pratiques.

remarquer quand elles surviennent et de revenir à notre agenda, et plus précisément à la boîte de temps dans laquelle nous sommes, comme expliqué dans le chapitre 18.

N'oubliez pas qu'il est possible de développer notre propre notion du temps. Nous sommes tous dotés d'un rythme circadien et d'une horloge interne. Nous pouvons apprendre à développer notre intuition pour estimer le temps passé sur une tâche et, avec la pratique, avoir moins besoin de vérifier l'heure (ce qui est une distraction en soi). Le timeboxing améliore notre suivi du temps, et vice-versa.

•••

Vous tirerez la majorité des avantages du timeboxing grâce aux fondamentaux décrits dans les autres chapitres de ce livre. Mais quelques outils supplémentaires pourraient avoir un effet positif sur le plaisir que vous prenez à cette activité. À vous de décider lesquels vous assisteront efficacement – qu'ils soient numériques, physiques ou mentaux –, en étant clair avec vous-même sur ce que vous attendez d'eux.

Décider ce que nous faisons de notre temps sur Terre – la seule expérience consciente que nous ayons – est primordial pour nous tous. Le timeboxing est un bon moyen, le meilleur selon moi, pour y parvenir. Faites-le chaque jour, faites-le bien et faites-le à votre manière.

RÉCAPITULATIF

- Divers outils et diverses fonctionnalités peuvent être utilisés pour soutenir le timeboxing.
- Pour que votre timeboxing soit efficace, aucun outil technologique n'est strictement nécessaire. Mais certains pourraient améliorer votre expérience.
- Réfléchissez aux outils qui pourraient vous aider et à quoi ils vous serviraient.

RÉFLEXION

- De quels outils et technologies votre système de productivité personnelle dépend-il ? Listez-les et examinez-les. Comment pourriez-vous améliorer ce système ?
- Téléchargez une application de timeboxing et essayez-la pendant une semaine.
- J'ai décrit le timeboxing comme un état d'esprit et une méthode. Comment décririez-vous l'état d'esprit du timeboxing ? Et la méthode ?

24

LA MÉTHODE FONCTIONNE POUR VOUS

> *Et maintenant ma tâche est accomplie avec aisance : je peux voler ou je peux courir.*
>
> John Milton

Mots-clés	Changement comportemental, bienfaits, objections, adopter, adapter, intégrer, s'approprier, personnaliser
Nombre de mots	2 342
Temps de lecture	10 minutes

La question n'est pas : est-ce que le timeboxing fonctionne ? Il fonctionne (voir chapitre 2 « Ça fonctionne »). La question est : est-ce qu'il fonctionne *pour vous*. Si vous avez suivi l'apprentissage par la pratique au gré de votre lecture, il devrait fonctionner. Mais essayons de nous en assurer. Si le timeboxing fonctionne pour vous, cela signifie que :

- vous avez pris l'habitude de timeboxer ;
- vous réfléchissez mûrement à ce que vous devriez faire ;
- vous accomplissez ces tâches dans les délais que vous avez fixés ;
- vous tirez certains des nombreux bienfaits du timeboxing ;
- vous vous appropriez la méthode et l'état d'esprit.

Si vous vous reconnaissez dans ces cinq affirmations, je suis certain que vous appréciez la méthode et souhaitez continuer de l'utiliser. Mais si l'une d'entre elles ne vous correspond pas, vous passez peut-être à côté de quelque chose. Certaines des questions posées dans ce chapitre vous aideront à identifier et corriger les éventuels problèmes que vous rencontrez.

Mais avant cela, ajustons nos attentes.

NE VOUS ATTENDEZ PAS À CE QUE LE TIMEBOXING FONCTIONNE 24 HEURES SUR 24

Je ne gère pas toute ma vie grâce au timeboxing. Dans de nombreux contextes, il n'est pas pratique du tout et peut même être encombrant. En apprenant à identifier ces contextes, vous saurez quand vous ne pourrez pas recourir au timeboxing et éviterez ainsi un échec assuré et inutile.

Dans la vie professionnelle comme privée, certains moments sont par essence imprévisibles. Par exemple, si vous vous rendez à un événement où toutes sortes de choses inopinées sont possibles (un festival, une fête, une conférence, un barbecue).

Il s'y passera beaucoup de choses, mais il est impossible de prédire quand, où et avec qui. Il en va de même si vous êtes pris d'assaut par vos enfants, à l'énergie et à l'enthousiasme débordants. Ou si vous rénovez votre maison et que votre journée se compose de diverses livraisons et questions de fournisseurs et d'ouvriers. Pour toutes ces situations, gérer votre temps avec le timeboxing risque de ne pas être productif.

Les activités professionnelles fortement prévisibles et structurées ne se prêtent pas forcément au timeboxing. De nombreux métiers – ouvriers d'usine, caissiers, employés de restauration ou encore agents de sécurité – ne présentent que peu d'opportunités de priorisation au cours de la journée. Pour ces individus, le timeboxing est d'une utilité limitée pendant leurs heures de travail. En revanche, en dehors (le temps libre et le sommeil constituent environ deux tiers de notre vie), les bienfaits du timeboxing restent considérables.

Vous aspirez à plus de spontanéité dans votre vie ? Le timeboxing n'est pas, à première vue, une méthode logique pour y parvenir. Et le désordre a aussi ses avantages : variété, surprise, challenge, créativité, résolution de problème, et ainsi de suite. (Cela étant, certaines activités rangées dans des boîtes de temps peuvent entraîner une spontanéité de second ordre : ne rien faire[1] ; faire quelque chose au hasard ; se rendre dans un lieu [un bar, une galerie d'art, une salle de danse] propice à la spontanéité ; ou s'adonner à une activité [un cours d'improvisation, une conversation avec un inconnu dans les transports, un cours d'écriture créative] propice à la spontanéité.)

Enfin, ne laissez pas le timeboxing jouer les trouble-fête. Certaines dates butoirs précisément définies peuvent empêcher la surprise et gâcher le plaisir. Si vous savez dès le début de la soirée que vous partirez à minuit tapant, vous n'en profiterez peut-être pas autant.

---

1. Cassie Shortsleeve, « A Guide to Doing Nothing for People Who Are Really Bad At It », Self, 2022, https://www.self.com/story/guide-to-doing-nothing.

APPLIQUEZ-VOUS LA MÉTHODE ? FONCTIONNE-T-ELLE ?

Il s'agit de deux questions distinctes. Appliquer = comportement ; fonctionner = bienfaits. Dans le pire des cas, vous appliquez la méthode, mais elle ne fonctionne pas – vous faites l'effort mais n'en tirez pas les avantages. Alors, faisons le point sur votre situation. Répondez aux questions suivantes aussi honnêtement que possible.

Appliquez-vous la méthode ?

Question	Réponse		
Planifiez-vous généralement la majeure partie de votre journée (le matin même ou la veille au soir) ?	Oui		Non
Préparez-vous votre environnement en éliminant les distractions pour vous inciter à travailler ?	Oui	Parfois	Non
Tenez-vous à jour votre to-do list de manière méthodique ?	Oui	Parfois	Non
Votre to-do list alimente-t-elle vos boîtes de temps ?	Oui	Parfois	Non
Décidez-vous du moment où vous répondez aux e-mails ?	Oui	Parfois	Non
Comprenez-vous vos boîtes de temps quand il est l'heure de les commencer ?	Oui	Parfois	Non
Terminez-vous généralement vos tâches dans les délais fixés par la boîte de temps ?	Oui	Parfois	Non
Avez-vous pour but d'accomplir quelque chose, de le livrer et de le partager ?	Oui	Parfois	Non
Arrivez-vous à vous extraire de votre rêverie et des spirales pour retourner à votre agenda ?	Oui	Parfois	Non

Question	Réponse		
Arrivez-vous à évaluer correctement la taille de vos boîtes de temps ?	Oui	Parfois	Non
Choisissez-vous intentionnellement quand faire des pauses et comment les remplir ?	Oui	Parfois	Non
Suivez-vous une routine du coucher ?	Oui	Parfois	Non

Fonctionne-t-elle ?

Question	Réponse		
Associez-vous le timeboxing à un avantage de taille pour votre vie ?	Oui		Non
Avez-vous trouvé une utilité à l'historique que constituent vos boîtes de temps ?	Oui		Non
L'approche du timeboxing – une chose à la fois – vous permet-elle d'atténuer votre stress ?	Oui	En quelque sorte	Non
Réfléchissez-vous mieux, plus clairement, plus profondément ?	Oui	Parfois	Non
A-t-il été utile pour vos collègues de pouvoir consulter votre emploi du temps ?	Oui	Parfois	Non
Vous a-t-il été utile de pouvoir consulter le leur ?	Oui	Parfois	Non
Accomplissez-vous plus de choses ?	Oui	Parfois	Non
Dormez-vous mieux ?	Oui	Parfois	Non
Avez-vous utilisé la méthode pour modifier, d'une quelconque manière, la trajectoire de votre vie ?	Oui		Non
Avez-vous identifié les segments les plus importants de votre vie ?	Oui		Non

Question	Réponse		
Avez-vous désormais une bonne idée du temps que vous consacrez à chacun d'entre eux ?	Oui	En quelque sorte	Non
À quelle fréquence vous arrive-t-il de ne pas suivre une boîte de temps planifiée ?	Rare-ment	Parfois	Sou-vent
Pensez-vous que le timeboxing fonctionne ?	Oui	Un petit peu	Non

Si, sur l'ensemble des deux tableaux, vous avez choisi la réponse de la première colonne environ 12 fois, vous êtes en bonne voie.

Il existe un raccourci pour vérifier si le timeboxing fonctionne. Vous avez peut-être utilisé la méthode pour accomplir quelque chose d'inestimable – reprendre contact avec un ami d'enfance, approfondir une compétence, vous plonger dans un jeu avec un enfant, consacrer à nouveau du temps de qualité à votre partenaire. Si c'est le cas, vous n'avez pas besoin de moi ni de ces questions pour savoir si la méthode fonctionne pour vous. Ces expériences vous auront déjà prouvé le pouvoir du timeboxing.

OBSTACLES POTENTIELS

Vous aurez bientôt terminé la lecture de ce livre (certainement dans moins de 10 minutes). La vie reprendra son cours. Vous serez de nouveau débordé. Après l'avoir essayé, tout le monde ne réussit pas à appliquer le timeboxing de manière assidue.

Alors, avant de nous quitter, passons en revue les écueils les plus courants. J'ai sélectionné les exemples ci-dessous de ma propre expérience, de discussions avec d'autres adeptes du timeboxing mais aussi avec ses opposants, et de forums en ligne.

- **Des tâches urgentes surviennent et mettent le désordre dans mes boîtes de temps.**
Certaines professions sont constamment à la merci d'événements imprévus. Si vous êtes médecin ou infirmière au service des urgences, il est impossible de planifier vos activités, et le timeboxing ne fonctionnera pas. La méthode n'est pas recommandée à de tels professionnels (du moins, pas en ce qui concerne leur vie professionnelle). Et même si la plupart d'entre nous n'évoluent pas dans de tels environnements imprévisibles, beaucoup d'entre nous connaissent des épisodes intermittents d'urgence critique : un client important appelle, une opportunité médiatique se présente, le patron exige quelque chose d'inattendu. Ces éventualités ne suppriment pourtant pas la pertinence du timeboxing. Premièrement, ces moments d'incertitude sont, pour la majorité d'entre nous, l'exception plutôt que la règle. Deuxièmement, quand de telles demandes urgentes surviennent, notre réflexe doit être de créer des boîtes de temps pour vérifier et traiter les messages plus fréquemment (disons toutes les 2 heures) plutôt que de les ignorer. Troisièmement, les priorités changent, c'est inévitable, et les boîtes de temps ne sont pas gravées dans le marbre. Nous sommes tous contraints de les adapter de temps à autre. (Voir chapitre 13 « Classement des boîtes ».)
- **Vous êtes dépassé par la planification – vous avez l'impression de perdre du temps et de ne pas vous consacrer pleinement à la tâche en question.**
Avec un petit peu de pratique, il ne vous faudra que 15 minutes pour planifier toutes les tâches de la journée. 15 minutes pour préparer les 15 heures suivantes – le jeu en vaut la chandelle. (Voir chapitre 9 « Les bases ».)
- **Vous n'allez pas au bout. Vous avez créé vos boîtes de temps, elles sont dans votre agenda, mais vous n'arrivez pas à les réaliser.**
Il est impératif de sélectionner les tâches qui correspondent à votre état d'esprit du moment. Souvenez-vous : vous n'exigez qu'une seule chose de vous-même. Commencez par la

plus petite action possible pour vous lancer dans la bonne direction. Et relisez le chapitre 18 (« Spirales et autres distractions ») et le chapitre 19 (« Prenez l'habitude »).

- **Vous ne finissez pas à temps.**
  D'abord, rappelez-vous que le fonctionnement de la méthode est étayé par diverses preuves scientifiques (chapitre 2 « Ça fonctionne »). Votre estimation des tâches est-elle réaliste ? (Chapitre 12 « Taille des boîtes ».) Avancez-vous à un rythme convenable et accélérez-vous lorsque c'est nécessaire ? (Chapitre 16 « Rythme et accélération ».) Avez-vous une bonne notion de ce qui est « suffisamment bon » ? (Chapitre 17 « Livrez quelque chose ».) Avec de l'expérience et de la persévérance, tous ces problèmes peuvent être résolus pour atteindre l'harmonie productive et finir à temps systématiquement.

UNE IDÉE MAJEURE

Identifiez une idée majeure du timeboxing en laquelle vous croyez profondément, et vous serez bien plus susceptible de rester fidèle à la méthode et à son état d'esprit. Vous avez peut-être repéré un tel concept convaincant dans ces pages. Si ça n'est pas le cas, envisagez ceux-ci :

- **Pouvoir d'action.** Le timeboxing nous permet de choisir les choses sur lesquelles exercer une influence parmi le chaos des milliers de choses hors de notre contrôle. Nous ne contrôlons pas les résultats. Nous pouvons uniquement décider quoi faire et quand. C'est une leçon d'humilité et une pratique qui nous redonne le pouvoir.
- **Force supérieure.** Que nous soyons croyants ou non, nous aimerions tous parfois avoir accès à une force supérieure rassurante. C'est exactement ce que le timeboxing nous apporte ; cette force supérieure, c'est nous – un peu plus tôt, dans un meilleur moment.

- **Métahabitude.** Le timeboxing est l'habitude qui gouverne toutes les autres. C'est une métahabitude capable d'en engendrer de nombreuses autres.
- **Productivité boostée.** Nous avons vu dans le chapitre 7 (« Pour la productivité ») que différents éléments prouvent que la méthode double notre productivité.

•••

Adopter et adapter un nouveau comportement ne se fait pas du jour au lendemain. Je continue de perfectionner cette compétence en entamant ma deuxième décennie de timeboxing. Je l'utilise aujourd'hui bien plus qu'avant parce que la méthode fonctionne si bien pour moi (j'ai choisi 21 fois la réponse de la première colonne dans les tableaux de ce chapitre).

Ceci est un livre. Il contient des théories et pratiques de pointe sur le sujet, à l'heure de sa publication. Mais comme toute discipline, le timeboxing engendrera au fil du temps de nouvelles idées, de nouvelles tactiques et de nouveaux outils. Inscrivez-vous à la newsletter[2] (intitulée *One Thing at a Time*) pour la recevoir chaque semaine dans votre boîte de réception. Elle vous rappellera quelques-uns des points clés de ce livre et vous aidera à corriger le cap si nécessaire. C'est aussi une manière de rester en contact avec moi et d'autres adeptes du timeboxing.

Pour moi, il n'y a rien de plus précieux que de pouvoir choisir ce que nous faisons de notre temps. Le timeboxing est la meilleure méthode que je connaisse qui nous aide à prendre le contrôle de notre vie pour la mener comme nous l'entendons.

---

2. Sur www.marczaosanders.com/newsletter.

RÉCAPITULATIF

- Le timeboxing ne fonctionne pas dans certaines situations – il est important de les identifier.
- Évaluez l'ampleur de ce que vous faites et des bienfaits que vous en tirez.
- Préparez-vous à rencontrer des obstacles en adoptant ce nouveau comportement.
- La pratique du timeboxing est associée à plusieurs idées majeures ; j'en ai sélectionné quatre, mais vous pouvez en découvrir d'autres par vous-même.

RÉFLEXION

- Répondez à toutes les questions des deux tableaux de ce chapitre.
- Envoyez un e-mail programmé (la plupart des services de messagerie proposent cette fonctionnalité) que vous recevrez dans trois mois, vous invitant à répondre de nouveau à toutes ces questions. Gardez une trace de vos réponses actuelles (notez dans votre e-mail le nombre de réponses choisies dans la colonne de gauche) pour pouvoir comparer et mesurer vos progrès.
- Laquelle des grandes idées du timeboxing listées dans ce chapitre vous semble la plus importante ? Existe-t-il une autre idée encore plus puissante à vos yeux ?

ÉPILOGUE

INTELLIGENCE ARTIFICIELLE (IA) ET RÉDACTION

Juste avant la signature du contrat de ce livre (février 2023), l'intelligence artificielle commençait à fasciner le grand public. Cette nouvelle génération d'IA, prenant la forme de grands modèles de langage (LLM), pouvait, semblait-il, écrire et penser. ChatGPT, en particulier, est devenu l'application grand public à la croissance la plus rapide, avec déjà 100 millions d'utilisateurs[1]. Tout à coup, une nouvelle intelligence venait de voir le jour, plus intelligente que nous à bien des égards. La domination de l'espèce humaine sur la planète, reposant presque entièrement sur notre intelligence, était menacée. Comment cette histoire allait-elle tourner ?

Selon certains spécialistes, l'émergence des LLM annonce le début de la fin pour l'écriture et l'édition. Ces nouvelles technologies sont

1. « Threads hit 100 million users in five-day record surge », *Aljazeera*, 2023, https://www.aljazeera.com/news/2023/7/10/threads-hits-100-million-users-in-five-days-in-record-surge.

indéniablement capables de réaliser de véritables prouesses. Elles peuvent produire en un temps record du contenu cohérent sur à peu près n'importe quel sujet, ce dont sont incapables même les plus brillants auteurs appartenant au commun des mortels. On peut donc comprendre que certains en déduisent que l'IA a déjà égalé, voire surpassé, l'écriture humaine, ou qu'elle est en passe de le faire.

Cette déduction est compréhensible mais, à mon sens, erronée. La vitesse, le savoir encyclopédique, la prolificité, la disponibilité constante et la pertinence superficielle apportent leur lot d'avantages à couper le souffle. Mais ils ne se substituent pas encore à la pensée profonde, à l'assimilation contextuelle au sens large, à la compréhension émotionnelle complexe et au pur génie dont les humains sont capables quand ils donnent le meilleur d'eux-mêmes. Nous sommes bouche bée devant une IA qui produit des phrases et paragraphes parfaitement articulés en l'espace d'une seconde. Mais en poursuivant notre lecture, notre bouche se referme lentement, notre attention s'égare et notre première impression s'évapore.

À l'heure où j'écris ces lignes (à l'automne 2023), la capacité humaine reste supérieure à celle des machines en matière d'écriture et de réflexion créatives et originales.

LE TIMEBOXING AU SERVICE DE L'ÉCRITURE

J'ai utilisé le timeboxing pour tous les efforts déployés dans la rédaction de ce livre. Je possède une trace écrite dans mon agenda numérique de toutes les boîtes de temps dédiées au premier pitch, aux brouillons, aux corrections, aux réunions, aux témoignages, aux épigraphes, aux autorisations, aux illustrations, aux remerciements, à cet épilogue, et à bien d'autres activités.

Pour être plus précis, voici la méthode que j'ai utilisée. Je devais rédiger 24 chapitres en 24 semaines – soit environ un chapitre de 1 800 mots par semaine. J'ai tenu à jour un document décrivant le plan de chacun de ces chapitres et j'y ajoutais des idées quand elles me venaient. Le lundi soir, après le travail, je jetais un coup d'œil à ce plan et à mes notes, et je passais exactement 60 minutes à réfléchir à de nouveaux angles, à des références et à des axes de recherche. Je laissais ensuite trois nuits à mon inconscient, et le jeudi soir, je passais une heure à préparer un plan détaillé de chaque chapitre sous la forme d'une liste à puces. Deux nuits de sommeil plus tard, tôt le samedi matin, j'étais prêt à écrire les trois ou quatre sections du chapitre, chacune dans un créneau de 15 ou 30 minutes, ce qui, en tenant compte du temps de correction, me prenait au total entre 3 et 4 heures. Je sortais ensuite systématiquement faire mon footing matinal, au cours duquel d'autres idées me venaient à l'esprit, et je les intégrais à mon travail pendant une dernière boîte de temps de 30 minutes. Et voilà comment je réalisais un autre premier jet de chapitre. La chose à retenir ici, c'est que je ne me suis jamais lancé dans l'écriture à froid, sans préparation.

Après avoir trouvé ma vitesse de croisière et pris quelques congés de mon travail, j'arrivais à écrire deux ou trois chapitres en une semaine. En fin de compte, le premier jet de ce livre d'environ 54 000 mots a nécessité quatre mois d'intense labeur. Le finir en avance était une bonne nouvelle pour les éditeurs, mais aussi une agréable métaconsécration du timeboxing.

Vous avec donc entre les mains la preuve que le timeboxing fonctionne pour moi. Pour vous, la preuve ultime dépendra de ce que *vous* en faites, et quand.

HORS DU TEMPS

À l'exception du chapitre 23 (« Outils et technologies »), la matière de ce livre devrait plutôt bien vieillir.

J'ai récemment découvert, un peu après avoir terminé ce livre, que le mot « temps » (*time*) était le nom le plus fréquemment utilisé de la langue anglaise. C'est le cas depuis 2006[2] au moins. C'est un thème récurrent dans la poésie, le cinéma, la musique, les blogs, les livres et bien d'autres domaines. Nous l'employons et le lisons une fois tous les 500 mots – soit toutes les deux pages. L'usage de ce mot est plus important dans ce livre.

La logique du timeboxing est saine. Il s'agit de décider de ce qui importe, de ce qui doit être accompli, et l'accomplir (ça, et rien d'autre). Difficile de contester cette approche. Le temps, autant un fléau qu'un privilège, n'est pas près de disparaître. C'est vraiment tout ce que nous avons. Et c'est énorme.

Je pense qu'il n'y a rien de plus précieux que le temps et le timeboxing.

---

2. https://marczaosanders.substack.com/p/the-most-frequently-used-english.

REMERCIEMENTS

Ce livre comporte énormément de ce qui compte à mes yeux – la bienveillance, la réflexion, l'ouverture d'esprit, la légèreté, la communication, le pouvoir d'action. Les influences de ce livre sont donc les influences de ma vie – et elles sont innombrables. Je limiterai la gratitude exprimée ici à celles et ceux qui m'ont directement aidé dans l'écriture de *Timeboxing*. Je les mentionnerai par ordre chronologique.

Je tiens avant tout à remercier ma mère, Helen Zao. Pour m'avoir donné la vie, bien sûr, mais surtout pour tout le reste depuis, et notamment pour m'avoir appris à écrire, pour m'avoir exposé à des auteurs de talent, pour m'avoir poussé à penser différemment en suivant son exemple, pour le thé au gingembre et nos conversations, pour une sœur extraordinaire et pour son amitié de toujours. Et plus spécifiquement, ici, pour ses corrections acharnées sur ce livre.

Merci à ma sœur, Sibyl, d'avoir accepté ma première leçon sur le temps, et pour son amour indéfectible, son soutien, ses conseils et sa bonne humeur 👍.

Je remercie M. Dorian, un enseignant inoubliable qui m'a aidé à voir le langage et la littérature – de Shakespeare à Ian McEwan en passant par Tennessee Williams – en plus haute résolution. C'est un cadeau inestimable.

J'ai la chance d'être entouré d'amis qui m'ont fait part, directement ou indirectement, d'idées et d'expériences qui ont nourri ce livre. Merci à Rich et Rob, pour nos extraordinaires excursions, discussions et méditations. À Fosterman, pour le nid dans lequel la partie II a éclos. Merci à Jimbo d'avoir payé le prix fort à l'avance, ce qui, en soi, est un concept du timeboxing. Merci à José qui m'a poussé à réfléchir et à écrire, et m'a donné l'idée de la force supérieure. À Greg, pour le challenge intellectuel constant au fil des ans et presque toujours bienvenu sur l'IA, l'apprentissage et le timeboxing. À Albion, pour nos échanges et pour sa confiance dans le fait que je pouvais « évidemment écrire un livre ». À Stephen, pour la simplicité et la franchise – elles m'ont guidé depuis que tu les as évoquées. À Peter, pour tes encouragements très peu *corporate*. Idem pour Manto. À Tamsin, pour ton originalité et pour m'avoir poussé vers les réseaux sociaux. Et à Julie, pour l'⚓ quand j'en avais besoin.

J'ai aussi la chance d'avoir des amis qui ont un pied dans le monde de l'écriture. Ed, merci de m'avoir montré la voie, de m'avoir fourni du contenu quand j'en avais besoin, et pour le dé. Patrick, merci pour ton exemple littéraire, pour nos aventures et pour Jim (voir ci-dessous). Anna, pour le courage et l'esprit (👻) de mélanger les genres. Jenny, pour les devoirs de Noël, les repas chinois et ton approche chaleureuse.

Ma famille m'a aidé à poursuivre l'écriture de ce livre tous les jours pendant près d'un an. Aya et Luka, votre fierté m'a poussé à continuer pendant les périodes de doute. Favian, ta joie de vivre m'a aidé à poser un regard critique sur le timeboxing. Ksush, pour m'avoir montré que le génie fou était une alternative à la gestion du temps méticuleuse. Mattia, pour ta patience et pour les *riposinos*. Olya et Dave, pour votre sagesse et votre soutien, notamment au Costa Rica. Sam pour « 6 zero », notre tout premier projet. Marlowe, pour ton « excellente » révision du livre dans le parc. Ma femme, Lola, pour ton esprit libre et inspirant, ta spontanéité, ton amour, tes remarques positives sur mes brouillons et pour ton adoption progressive de la pratique que je commence à voir.

Merci à l'équipe de Filtered et Board (passée et présente) de m'avoir donné l'espace nécessaire à l'écriture de ce livre et pour les nombreuses expériences qui l'ont nourri. Nos interactions au fil des années m'ont aidé à perfectionner une grande partie du contenu. Une mention spéciale à mes co-fondateurs, Vin et Chris, avec qui j'ai traversé tellement d'épreuves et dont la pensée a énormément influencé la mienne. Merci aussi à Toby (qui n'est pas loin d'être également co-fondateur) pour son esprit zen, pour  et pour être, comme moi, un élève et un enseignant du timeboxing.

Dana, de *Harvard Business Review*, merci d'avoir parié sur un article dédié au timeboxing il y a des années, et merci pour les échanges experts et joyeux que nous avons eus depuis. C'est un plaisir de travailler avec toi.

Je remercie mon agent littéraire, Jim Gill de United Agents, qui s'est battu pour moi avec loyauté, courage, humour et efficacité. Et merci à Amber Garvey, de la même agence, qui a été un roc pour moi tout au long du processus.

À mes nouveaux amis chez Penguin Random House au Royaume-Uni. Tout d'abord, merci à Karolina d'être venue me chercher pour réaliser ce livre et d'avoir toujours prêté une oreille attentive à mes idées – bonnes, mauvaises et étranges. Merci à Paula d'avoir aidé à faire de ce projet un livre sur la vie plutôt que sur les affaires. Merci aux dizaines d'autres personnes de la maison d'édition qui ont permis de présenter le timeboxing dans de nombreux pays.

À mes amis encore plus récents de St Martin's Press aux États-Unis. Toute l'équipe est excellente, mais je me dois de mentionner Tim Bartlett, dont les corrections détaillées et méticuleuses ont considérablement amélioré ce livre (et l'ont écourté de deux chapitres).

Je souhaite remercier quelques auteurs bien établis, Kim Scott, Luke Burgis, Karie Willyerd, qui m'ont généreusement offert leur temps et leurs conseils. J'essayerai de suivre votre exemple et d'être aussi bienveillant et utile envers de nouveaux auteurs.

Merci à tous les adeptes du timeboxing du monde entier qui ont envoyé leur témoignage. J'ai contacté énormément de gens en ligne qui avaient mentionné le timeboxing, en espérant obtenir quelques réponses. Je ne m'attendais pas à en recevoir des dizaines. Cette étape m'a rappelé à quel point les connexions humaines, même entre des inconnus sur de vastes plateformes de réseaux sociaux, pouvaient être positives et agréables. Je suis navré de ne pas pouvoir inclure tous les témoignages dans ce livre, mais je peux vous garantir que vous avez joué un rôle plus important que vous ne le pensez.

La dernière personne que je souhaite remercier, dans l'ordre chronologique, c'est vous, le lecteur. Merci de faire l'effort de réfléchir à l'usage que vous faites de votre temps. Par cet espoir et cette aspiration, au moins, nous avons quelque chose en commun.

Par un après-midi d'été étouffant, deux fillettes, Lorina et sa petite sœur Alice, étaient assises au bord d'une rivière. Lorina faisait la lecture à Alice. Alice, peu intéressée par ce livre sans images ni dialogues, tomba dans un sommeil plein de rêves merveilleux. Quelques minutes après s'être réveillée, elle sentit la faim et rentra vite pour manger. Lorina, elle, resta dehors pour profiter du murmure de l'eau et du bourdonnement des insectes. Elle s'éloigna de la rive d'un pas lent et découvrit un sentier de briques qui menait à un étrange jardin et à une étrange maison. Le lieu était désert. Dans l'entrée, un sablier montre les 24 heures à venir. Elle le regarde à nouveau, il annonce 13 heures restantes. Quelque chose cloche. Son cœur bat la chamade. Elle sort de la maison en hâte, sans savoir où aller. Elle longe les ombres du bois, à travers les hautes herbes et les nuages de lucioles. Elle trébuche sur une racine et tombe dans un trou très profond.

Au fond, il fait tout noir. Ses mains caressent la surface terreuse au-dessus d'elle, en dessous et sur les côtés. C'est un tunnel, mais de travers. Elle se lève et avance en courbant le dos, mais ses jambes ne bougent pas comme elle le voudrait. Il y a beaucoup de virages. Vers le haut, vers le bas, à gauche, à droite, à gauche, à droite, stop. Elle est à bout de souffle et elle a le tournis. Du coin de l'œil, elle aperçoit du mouvement – un petit animal. Un canard ? Un lapin ? Elle se lance à sa poursuite, et soudain, la surface au-dessus de sa tête s'ouvre sur une vaste grotte souterraine : un hippodrome avec un champ de courses. Une foule de spectateurs extraordinaires encourage les coureurs : un lapin (ou est-ce un lièvre ?), une tortue, un guerrier grec. La tortue est en tête, et pourtant, c'est la plus lente des trois. Impossible de deviner qui va gagner. Lorina les observe de plus près, mais chaque moment se mêle au suivant, comme fusionnant en une seule masse temporelle. Une sorte de sentiment d'entre-deux s'empare d'elle et la propulse à travers les couches de terre et de pierre, dans un autre bois. Mais celui-ci est totalement silencieux – pas d'animaux, pas de vent –, mais très dense. Juste à côté d'elle, posé sur l'herbe, se trouve un livre rouge. Elle le reconnaît ! C'est *Retour au champ de courses*, le livre qu'elle lisait cet après-midi à sa sœur. Il est ouvert à la page 217. Découvrez la suite sur marczaosanders.com/rabbit-hole.

Marc Zao-Sanders est le co-fondateur et PDG de filtered.com, une entreprise de technologies d'apprentissage spécialisée dans le développement des compétences professionnelles qui utilise les données pour identifier, analyser et apporter les compétences les plus essentielles aux employés. Marc Zao-Sanders a démarré sa carrière dans la stratégie et écrit désormais régulièrement des articles sur des thèmes englobant les algorithmes, l'apprentissage et la productivité pour *Harvard Business Review*, *Scientific American* et *MIT Sloan Management Review*. Son article phare sur le timeboxing, "*Developing Good Habits*", a été inclus dans la série de *HBR* dédiée à l'intelligence émotionnelle, aux côtés de James Clear et d'autres spécialistes de la formation d'habitudes durables et de l'amélioration de la productivité.